Max Schmid

Alfred Rethel

Max Schmid

Alfred Rethel

ISBN/EAN: 9783743314603

Hergestellt in Europa, USA, Kanada, Australien, Japan

Cover: Foto ©Thomas Meinert / pixelio.de

Manufactured and distributed by brebook publishing software
(www.brebook.com)

Max Schmid

Alfred Rethel

Künstler-Monographien

In Verbindung mit Andern herausgegeben

von

H. Knackfuß

XXXII

Rethel

Bielefeld und Leipzig

Verlag von Velhagen & Klasing

1898

Rethel

Von

Max Schmid

Mit 125 Abbildungen nach Gemälden, Zeichnungen, Radierungen und Holzschnitten

Bielefeld und Leipzig
Verlag von Velhagen & Klasing
1898

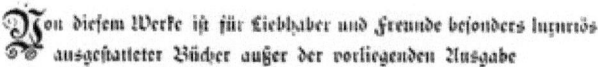

Von diesem Werke ist für Liebhaber und Freunde besonders luxuriös ausgestatteter Bücher außer der vorliegenden Ausgabe

eine numerierte Ausgabe

veranstaltet, von der nur 50 Exemplare auf Extra-Kunstdruckpapier hergestellt sind. Jedes Exemplar ist in der Presse sorgfältig nummeriert (von 1—50) und in einen reichen Ganzlederband gebunden. Der Preis eines solchen Exemplars beträgt 20 M. Ein Nachdruck dieser Ausgabe, auf welche jede Buchhandlung Bestellungen annimmt, wird nicht veranstaltet.

Die Verlagshandlung.

Druck von Fischer & Wittig in Leipzig.

Vorbemerkung.

Alfred Rethels Leben und Schaffen ist bisher im wesentlichen aus der kleinen Biographie bekannt, welche Wolfgang Müller von Königswinter hinterlassen. Es ist im Nachfolgenden versucht worden, aus dem reichen Schatze der Briefe Rethels, die heute im Besitze der Erben sich befinden, dasjenige beizutragen, was zur Beseitigung von Irrtümern, zur schärferen Zeichnung des Charakterbildes, zur Erklärung seines Leidens und Endens beiträgt.

Es ist Wert darauf gelegt, weniger bekannte oder noch gar nicht vervielfältigte Arbeiten des Meisters neben den geläufigen Hauptwerken abzubilden. Für die seelische Größe, die menschliche Schönheit, die künstlerische Gewalt Alfred Rethels sollen diese Zeilen neuerdings Zeugnis ablegen.

Aachen.

Max Schmid.

Alfred Rethel.
(Nach einer in Rom gefertigten Photographie.)

Alfred Rethel.

Alfred Rethel teilt mit allen denen, die ihrer Zeit vorauseilten, das Schicksal, bei nachfolgenden Generationen weit höheren Ruhm zu genießen, als bei den Mitlebenden. Für das Starke und Natürliche, das seine Werke in unseren Augen hoch über die seiner Zeitgenossen Schnorr, Bendemann, Hübner ꝛc. hinaushebt, fehlte damals das Verständnis und das Interesse. Monumental veranlagt wie Cornelius, vernachlässigt er doch die reale Erscheinung niemals. Große und erhabene Gedanken und Empfindungen verherrlicht er in seinen Werken, ohne das Gebiet des künstlerisch Darstellbaren und Wirksamen zu verlassen. Die schöne Form pflegt er, ohne ihr die Kraft zu rauben, die Linie betont er, ohne für die malerische Erscheinung blind zu sein. Er wußte alle Vorzüge der idealen Schule der ersten Hälfte unseres Jahrhunderts sich zu wahren und verfiel selten in ihre Fehler. Aber eben daß er dem Hange zum Schwächlichen und Verzärtelten, der seine Zeitgenossen beherrschte, nicht Rechnung trug, eben das hat ihm ihre Gemüter entfremdet, eben das macht ihn heute als einen weit über seine Zeit hinausragenden uns lieb und wert. Eine groß angelegte, ideenreiche, kraftvolle Natur, ein echter Künstler, ein packender Erzähler und ein idealer Mensch in jeder Linie, in der ganzen Art seines Empfindens, so steht er heute vor uns. Daß Alfred Rethel der größte deutsche Historienmaler unseres Jahrhunderts, und der größte Maler deutscher Geschichte, wer bestreitet es heute noch?

Rethels Vater Johann war französischer Präfekturrat in Straßburg, dann nach Aachen übergesiedelt, wo er Johanna Schneider, die Tochter eines dortigen Fabrikanten heiratete, sein Amt aufgab und eine chemische Fabrik auf Haus Diepenbend bei Aachen begründete. Auf tragische Weise verlor die Familie ihren Wohlstand. Im Aachener Stadtarchiv befindet sich ein proces-verbal des Polizeikommissars François Brendamour vom 6. August 1813, der vom Untergange der Besitzung Johann Rethels erzählt. Damals war Aachen französische Departementshauptstadt, und genoß am 5. August 1813 die Ehre, die Kaiserin Marie Luise in ihren Mauern zu begrüßen. Während Vater Rethel mit Frau und Kindern nach Aachen zur Illumination gezogen war, erreicht ihn ein Bote mit der Meldung, daß zwischen acht und neun Uhr abends ein Wirbelsturm über Haus Diepenbend hingegangen, der Herrenhaus, Gutshof, die Ziegelei mit 1600 Ziegeln, den Brennofen, die Töpferei und die Fruchtgärten vollständig verwüstete. Nur die Fabrikgebäude, in denen seit 1802 Berliner Blau und Salmiak für den Export nach Holland hergestellt wurden, blieben verschont. Rethel bittet in einem Schreiben, datiert "sur les ruines de Diepenbent le 6 août 1813" den Bürgermeister um Hilfe.

Rethels Vater gelang es nicht, aus diesem Verderben sich wieder heranzuarbeiten. Trocken berichten uns die Alten, wie sein Grundbesitz in die Hände der Hypothekengläubiger übergeht und wie die Stadt Aachen, der er mehrere tausend Francs für Holzankäufe schuldet, nur deshalb auf die Versteigerung des geringen Mobiliars im Jahre 1822 verzichtet, weil sie fürchten muß, daß der Erlös nicht einmal die Gerichtskosten deckt.

1830 siedelte die Familie nach Wetter a. d. Ruhr über, später nach Düsseldorf. Rethels Vater verstarb 1839, und seitdem hat vollends Alfred Rethel die Sorge für die Unterstützung seiner Familie tragen müssen.

Abb. 1. Jugendporträt Alfred Rethels.
Im Besitz von C. Sohn in Düsseldorf.

Mit rührender Liebe, zarter anspruchsloser Rücksichtnahme hat er seiner angebeteten Mutter gespendet, was ihm als Erlös aus seinen Gemälden zukam, und schon dieser Zug von Pietät macht ihn uns als Menschen liebenswert.

Alfred Rethel ist noch auf Haus Diepenbend bei Aachen am 15. Mai 1816 geboren, als das vierte Kind seiner Eltern. Es war ein zarter, aber hervorragend begabter Knabe, temperamentvoll und wild. So machte er den Eltern frühzeitig Sorge. Er fällt vom Pferd und bricht einen Arm, er gerät unter einen Wagen, wird überfahren und am Kopfe verletzt, so daß er jahrelang schwerhörig blieb und wie man behauptet, dabei vielleicht den ersten Grund zu seinem späteren Gemütsleiden legte. Seine Schwerhörigkeit verhindert ihn, regelmäßig am Schulunterricht teilzunehmen, aber die Mutter ersetzte durch sorgsame häusliche Pflege, was ihm hier abging. Eine lebhafte Phantasie gab ihm frühzeitig den Stift in die Hand und ließ ihn nach Knabenart Kampfbilder, Schlach-

ten, aber auch allerhand Ereignisse seines Knabenlebens auf dem Papier festhalten. Er spielte gerne, aber noch lieber war er in einem stillen Winkel und zeichnete.

Ein glücklicher Zufall hat eine Menge jener Kinderzeichnungen uns erhalten, die uns einen Einblick in die früheste künstlerische Bethätigung eines jungen Genies gewähren, wie er sonst kaum sich finden dürfte.

Alfred Rethel war täglicher Gast im Hause eines Aachener Bürgers, des Herrn Matthias Schillings, der Freude am Zeichnen hatte und diese auch auf seine Söhne, die Spielgenossen des kleinen Rethel, übertrug. Saßen die Jungen abends beisammen, so hatte Rethel stets ein Stückchen Papier und den Stift bei der Hand und zeichnete mit wunderbarer Schnelligkeit aus der Erinnerung, was ihn interessierte. Es war die Auslage eines Aachener Kunsthändlers Buffa, die meist die Anregung zu den Skizzen gab, und da besonders Napoleons Feldzüge und die Griechenkämpfe damals die große Welt in Aachen interessierten, spiegeln sie sich auch in Rethels kleiner Welt. Napoleon auf der Brücke von Arcole wurde immer wiederholt, aber nicht minder eifrig antike Schlachtscenen, besonders Alexanders Kämpfe.

Vater Schillings sammelte jedes Stückchen Papier, das Rethel unter dem Stift gehabt, that hinzu, was er später vom jungen Maler aus der Düsseldorfer Zeit erhielt, und wenn Rethel in der Folgezeit als reifer Meister die alten Freunde besuchte, so nahm er wohl ein altes, abgenutztes Skizzenbuch zur Hand und skizzierte mit festen Strichen, was gerade in letzter Zeit von ihm vollendet oder entworfen war.

Diese ganze Sammlung (etwa 120 Blatt) befindet sich heute im Aachener städtischen Museum als einer seiner kostbarsten Schätze. Als ein Beispiel geben wir eine Zeichnung des zwölfjährigen Knaben, die er wohl aus der Erinnerung frei komponierte. In Burtscheid besuchte er die Schule, die Herr Hackländer, der Vater des bekannten Schriftstellers, dort hielt. Die Schule „ist aus", und die wilde Jugend fährt tobend aus strengem Gewahrsam hinaus auf den Markt, wo Quack-

Abb. 2. Portrat der Mutter Rethels. Im Besitz der Frau Otto Rethel.

Abb. 3. Jugendarbeit. Zeichnung. Aachen. Städtisches Museum.

salber, Morithatensänger, feilschende Bauern und das aufziehende Militär ihnen zur Belustigung dienen. Umsonst zeigt Herr Hackländer am Fenster sich drohend mit erhobenem Bakel. Das ist eine echte Schulknabenzeichnung, aber merkwürdig geschickt für das jugendliche Alter. Eine andere Jugendzeichnung befindet sich im Kupferstichkabinett des Städelschen Institutes zu Frankfurt a. M. Dieselbe ist ein Geschenk des Schauspielers Herren B. Meck an den Inspektor Malß, wie ein beiliegender Brief erweist.[*] Meck schreibt u. a.: „Ich glaube daß meine Mutter eine Skizze des leider so früh dahingeschiedenen Alfred Rethel besitzt, die derselbe im Jahre 1829 als zwölf- oder dreizehnjähriger Knabe gemacht. Rethel besuchte mit mir und meinem verstorbenen Bruder Fritz

Die Veröffentlichung hat Herr Direktor Dr. Weizsäcker freundlichst gestattet, wofür ihm hier gedankt sei, ebenso dem Leiter des Aachener städt. Suermondt-Museums Herrn F. Berndt, dem Oberbürgermeister der Stadt Frankfurt a. M., dem Direktor der kgl. Nationalgalerie zu Berlin, Prof. Dr. v. Tschudi und allen übrigen, die Originalwerke zur Reproduktion darliehen — ganz besonders aber den Erben A. Rethels in Düsseldorf, Herrn C. Sohn und seiner Gattin, der Tochter A. Rethels, für Ihre freundliche Hilfe.

in Aachen die Schule; eines Tages riß sich ein Ochse, der zur Schlachtbank geführt werden sollte, los und richtete großen Schrecken unter den Vorübergehenden an: wir waren gerade auf dem Heimwege aus der Schule begriffen und Zeuge der ganzen Scene; mit dem frischen Eindruck derselben in der Seele ging Rethel mit uns nach Haus und warf in wenigen Minuten das Bild auf ein altes daliegendes Stück Papier. — Meine Eltern waren ganz erstaunt über das ungewöhnliche Talent des Knaben und haben in richtiger Voraussicht, daß dereinst ein großer Künstler aus ihm werden würde, das Bildchen sorgfältig aufgehoben.

Sind auch in der Zeichnung manche Inkorrektheiten, so ist doch die ganz außergewöhnliche Begabung nicht zu verkennen, und meine Mutter glaubt, daß es für jeden Künstler und Kunstfreund von großem Interesse sein werde, ein Bildchen aus den Jugendjahren Rethels zu sehen."

Wie unsere Abbildung erkennen läßt, schildert der kleine Rethel mit guter Beobachtung die zwei Ochsen, die auf dem Hauptmarkt umherstürmend, alles in die Flucht schlagen. Die tolle Hast der ehrsamen

Bürger, das Rennen und Stürzen der Knaben, der Schrecken der hilfeflehenden Marktweiber und die aus sicherer Ferne Befehle erteilende hochwohllöbliche Polizei, alles das steht uns auf der kleinen Skizze außerordentlich drastisch vor Augen. So kindlich die Zusammenstellung der Figuren, so glücklich ist die Beobachtung etwa des Knaben, der, vorn links, das beim Sturze verletzte Knie reibt, oder des Gesellen, der sich in der Mitte des Vordergrundes offenbar an eines der wild gewordenen Tiere heranschleicht, um ihm die Schlinge über die Hörner zu werfen.

Den ersten geordneten Zeichenunterricht erhielt er von einem vlämischen Zeichenmeister; Bastiné hieß der Brave. Rethels Biographen wissen von ihm nichts, die Künstlerlexika verschweigen seinen Namen. In Aachen aber hat sich noch vieles von seiner Hand erhalten, was ihn als einen tüchtigen, wenn auch nicht genialen Mann darstellt. Im Kreise der Seinen zeigt ihn die umstehende Skizze (Abb. 5) von der Hand seiner Tochter. J. B. Bastiné war 1783 zu Löwen in Brabant geboren, hatte auf der Löwener Akademie sich vorgebildet und war seit 1804 Schüler des großen David zu Paris geworden. 1811 gründete er in Aachen eine Zeichenschule, wurde 1815 Zeichenlehrer am Gymnasium und starb am 11. Januar 1844 zu Aachen. Ein Nachruf preist ihn als zärtlichen Gatten, liebevollen Vater, bescheidenen Künstler, gutherzigen Freund, liebreichen Lehrer und echten Biedermann. Unter seinen Schülern wird Rethel genannt. Von alten Aachenern erfährt man heute noch manches vom alten Bastiné, der offenbar ein Original war. Er sprach nur vlämisch und französisch, radebrechte grausam deutsch, und war schon dadurch den Angriffen der mutwilligen Jugend ausgesetzt, der er durch urwüchsige Grobheit und vlämischderbe Ausdrücke vergebens Respekt beizubringen suchte. Den wenigen fleißigen unter seinen Schülern war er aber ein eifriger und tüchtiger Lehrer. Bastiné war David-Schüler und hat sich redlich gemüht, in einigen alttestamentarischen Bildern so steif, erhaben und farblos wie sein großer Meister zu malen. Stets brach aber der Niederländer und Kolorist bei ihm durch in seinen Entwürfen, kleinen historischen Genrebildern und Landschaften.

Schon Rethels erster Lehrer huldigte also nicht dem starren Klassizismus, sondern einer mehr koloristischen Auffassung. Sein Einfluß auf die späteren Jahre des Künstlers ist

Abb. 4. Jugendarbeit. Zeichnung. Frankfurt. Städelsches Institut. Kupferstichkabinett.

wohl kaum anzunehmen, wohl aber auf die Knabenjahre, und vor allem ist anzuerkennen, daß er der phantasievollen Natur des Knaben offenbar kein Hindernis bereitet, die sich in allerhand Schlachtenbildern und dergl. ungeschickt, aber eifrig ergötzte. Jedenfalls hat Rethel seiner auch später dankbar gedacht und beim Tode „seines guten Lehrers Bastiné"

knabe. Die Akademie stand nach Cornelius' Fortgang unter der Leitung des alten Schadow, eines ehemaligen Nazareners, der freilich mehr die Mängel als die Vorzüge jener, die Gestalten oft bis zum wesenlosen Scheine verflüchtigenden Schule besaß. Aber während Schadow selbst in seinen Werken, einseitig in höchstem Maße, nur eine gewisse Richtung

Abb. 5. Familie Bastiné. Gezeichnet von Frl. Bastiné. Aachen. Städtisches Museum.

an die Witwe tröstende Worte gesandt. Bastiné wird auch den Anlaß gegeben haben, daß einige Zeichnungen Rethels zur Prüfung der Düsseldorfer Akademie vorgelegt wurden. Diese Blätter befinden sich heute in der zuvor erwähnten Aachener Mappe und sind vom alten Bastiné signiert. Das hatte den Erfolg, daß Rethel 1829 die Erlaubnis erhielt, die Düsseldorfer Akademie zu beziehen. In wenigen Jahren erlernte der Knabe hier das, was er auf einer Akademie überhaupt lernen konnte, zeichnen und malen, und galt bald als ein hervorragender Schüler, fast als Wunder-

religiöser Kunst pflegte, hatte er vor dem so unendlich viel größeren Cornelius das voraus, daß er jeden nach seiner Façon selig werden ließ, daß er in seiner Weise der Farbe ihre Bedeutung in der Kunst wahrte und jedenfalls ein eifriger Schulmeister und strenger Regent war.

Auch in Düsseldorf wurde damals in erster Linie Geschichtsmalerei betrieben. Aber nicht die auf Darstellung religiöser und philosophischer Gedankenkomplexe gerichtete Kunst des Cornelius herrschte. Man schwärmte für die traurigen Schicksale edler Helden, die man so angenehm, edel und schwermütig als irgend möglich darzustellen wußte. Was die Romantik an rührenden Ge stalten, an hoheits voll duldenden Kö nigen, trauernden Juden, lieblichen Kö nigstöchtern und kla genden Hirten ir gend rühmte, das malte man in Düssel dorf mit einer ge wissen zarten, lieb lichen Farbengebung. Wenig paßte dies zu Rethels Weise, und doch konnte er sich der Stimmung, die allgemein herrschend war, nicht entziehen. Vorteilhaft war ihm, daß Genre, Land schaft und Stillleben in Düsseldorf mehr als anderswo gepflegt wurde und durch diese mehr Fühlung mit der Natur, mehr Studium des Mo dells, mehr Durch bildung der Farben herrschend war, als unter den Münchener Kartonmalern. Er lernte schnell bis zu dem Grade, der über-

Abb. 6. Selbstporträt. Bleistiftzeichnung, mit Weiß gehöht.
Aachen. Städtisches Museum.

haupt damals erreichbar war, Stosse, Waffen und dergl. mehr nach der Natur malen. Im übrigen nahm er mit Freuden an dem heiteren bewegten Dasein der Düsseldorfer Künstler seinen Anteil. Bei Ausfahrten und fröhlichen Kneipen war er der heitersten und aus gelassensten einer. Er sang mit guter Stim me zur Guitarre und war berühmt als Er zähler, wo ihm denn seine Fähigkeit, die Dinge plastisch anschaulich und voll drama tischen Lebens vorzustellen, unter den sen timental poetischen Genossen wohl zu statten kam. Seine besten Freunde waren zwei junge Studiengenossen, die Gebrüder Lasinsky aus Coblenz. Der Zufall hat mich ein

nettes Selbstporträt des Knaben aus dieser Zeit entdecken lassen (Abb. 6), er sitzt am offenen Fenster vor der Staffelei, halb ernst sinnend, halb jugendlich heiter, ein schlanker Knabe im lockigen Haar und künstlerischen Kostüm.

Rethel bewies bald, daß er eine den Durchschnitt überragende Begabung besaß. Schon 1832 stellte er sein erstes Ölgemälde aus, einen heiligen Bonifacius. So sehr im Vergleich mit späteren Werken die zag hafte Hand des Anfängers und die zarte empfindsame Auffassung der Düsseldorfer Schule hier sich offenbart, so war doch inner halb der gleichzeitigen Werke sein heiliger

Bonifacius eine hervorragende und gesunde Leitung. Das Bild erregte soviel Aufsehen, daß es vom rheinischen Kunstverein seinen Pilgerstab in den Stumpf der gefällten Wotanseiche gestoßen und weiht offenbar die alte Heidenstätte dem Christengotte. Daß

Abb. 7. Der heilige Bonifacius. Eigemälde. Berlin. Nationalgalerie.

angekauft wurde und durch Verlosung in den Besitz des Konsuls Wagner und mit dessen Sammlung in den Besitz der Berliner Nationalgalerie überging. Der Heilige hat Rethel es in dieser Erstlingsarbeit nicht weiter als bis zu einer Einzelfigur brachte, ist natürlich; sie in den Raum hineinzustellen, mit einer gewissen Empfindung zu beseelen,

sie zwar zart, aber doch nicht süßlich zu schil
dern, den Ernst und die weihevolle Stim
mung in dem segnenden Heidenapostel zum
Ausdruck zu bringen, alles das mag dem
Sechzehnjährigen Mühe genug gewesen sein.
So ist es denn auch in einer etwas stumpfen,
mageren Färbung gehalten, mehr gezeichnet
als gemalt.

auf die Knie und gläubig schart sich um
ihn das bekehrte Volk. Zu tiefen Sinnen
schreitet zur Linken ein Germanenpriester von
dannen. Alles ist angenehm, wie es die
Schule verlangte, gruppiert, und wenn auch
in materiellem Sinne kein wirkliches Bild,
sondern eine Reihe gut gemalter Modelle
gegeben ist, so sind doch die einzelnen Ge-

Abb. 8. Die Predigt des heiligen Bonifacius. Ölgemälde im Besitz des Frl. Janßen in Aachen.

Drei Jahre später steht er mit einem
zweiten Bonifaciusbilde bereits weit voll-
endeter und reifer vor uns. Auch dies wurde
vom rheinischen Kunstverein angekauft und
befindet sich heute in Aachen in Privatbesitz
(Fräulein Janßen). Die Predigt des heiligen
Bonifacius vor der gefällten Wotanseiche
wird geschildert. Der Apostel ist größer und
kraftvoller geworden, eine edle und tief em-
pfundene Gestalt voll innerlicher Begeisterung. Andächtig stehen hinter ihm die Jünger, tief ergriffen fallen die Heidenkrieger

stalten außerordentlich tüchtig durchgebildet
und die Art, wie Leder, Harnische und Woll-
stoffe gemalt sind, überrascht durch die Vollendung. Man wird in der Technik unmittelbar an die sorgfältig durchgebildeten
Bilder Lessings in dieser Beziehung erinnert.
Freilich, mit dem Auge des Historikers darf
man die Trachten nicht prüfen, in denen das
Friesenvolk hier auftritt, da läuft viel Un-
historisches mit unter.

1836 erschien das dritte der Bonifaciusbilder, das erst am 3. November 1835

Abb. 9. Bonifacius läßt eine Kirche erbauen. Ölgemälde in der Sammlung des Herrn von Tauber in Halberstadt. (Zingelsche Sammlung.)

begonnen war. Eine Darstellung des Heiligen, der aus dem Stamme der Wotanseiche eine Kapelle zimmern läßt und den Grundriß für dieselbe mit seinem Stabe auf den Boden zeichnet. Unter den Nebenfiguren, namentlich unter den düster blickenden Heiden zur Linken, sind ein paar vorzüglich ausdrucksvolle Gestalten. Ein merklicher Fortschritt ist wieder erkennbar. Die Figuren bewegen sich jetzt wirklich in der Landschaft, in die man weit hinausblickt, während sie auf dem

fern blieb und die ernste Gestalt des Heidenapostels zum Thema wählte. Das gibt der Arbeit des jungen und lebenslustigen Knaben einen eigenen Zug von frühem Ernst und seelischer Reife.

Für den Künstler selbst war es eine gute Schule, an so einfachen Aufgaben, an so ruhigen Handlungen seine malerische Gestaltungskraft zu üben. Während er, wohl unter dem Zwange und Einfluß seiner Lehrer, sich auf der Leinwand so maß-

Abb. 10. Karl Martell schlägt die Mauren bei Tours. Tuschzeichnung.
(Verlag der Photographischen Gesellschaft in Berlin.)

vorigen Bilde ängstlich verborgen wurde. Die Gruppierung ist freier, zur Rechten stellt er sogar statt der sorglich abgezirkelten Gruppen das Getümmel der Bauleute dar. Es fällt auf, wie sehr der junge Meister seine ungestüme Natur zu bändigen weiß, welche Ruhe und Einfachheit er in diese Vorgänge legt, wie weit er davon entfernt ist, theatralische Gebärden, gesuchte Kompositionen, allzu weichliche Gestaltung, wie sie sonst der Schule eigentümlich, hier anzubringen. Gewiß sind die Vorzüge dieser frühen Bonifaciusbilder mehr negativer Art, mehr zu rühmen, weil sie von Übertreibung in Form und Farbe sich fernhalten, weil er mit gutem Takte das rührselige Leonoren-

voll ausspricht, tobt er in Skizzen und Entwürfen sein starkes Empfinden aus. Daß er als Knabe von Kampf und Schlachten geträumt, hatte er hier nicht vergessen. Auch aus der Bonifaciuslegende bringt er noch ein paar kräftige bewegte Darstellungen. Eine Tuschzeichnung von 1831 zeigt die zur Ermordung des Heiligen heranstürmenden Heiden; eine andere den Moment, da er den Seinen verbietet, ihn gegen die Wilden mit Waffen zu verteidigen; eine dritte den Augenblick nach der Ermordung des Heiligen, in dem die wilden Männer den Leichnam berauben und um die Beute in Streit geraten. Aber so bewegte Entwürfe als Bild auszuführen, mag wohl als eines braven Schadow-Schülers

unwürdig gegolten haben, und so blieben diese und andere Scenen einfach Skizze.

Wie alle jungen Künstler dieser Schule hat Rethel von Anfang an sich fleißig im Komponieren geübt. Es gehörte ja zu den Eigentümlichkeiten der Zeit, daß Knaben, die weder gründlich zeichnen konnten, noch irgend etwas selbst durchgelebt hatten, mit kühner Hand die gewaltigsten Helden und die größten Thaten der Weltgeschichte und Dichtung

durch den Entwurf von 1832, welcher Karl Martell, den Maurenbesieger in der Schlacht bei Poitiers und Tours, darstellt. Wie unsere Abbildung 10 erkennen läßt, wurde natürlich brav nach Raffaelschem Rezept, etwa in Anlehnung an die Konstantinschlacht des Vatikans, Karl Martell in die Mitte des Bildes an die Spitze der Reiter gestellt. Die Mauren sind gefällig genug, den Kampf links und rechts von der Hauptfigur so aus

Abb. 12. Tod Arnolds von Winkelried. Tuschzeichnung.
(Verlag der Photographischen Gesellschaft in Berlin.)

zu gestalten pflegten. Rethels besondere Begabung zeigt sich hier nur darin, daß er nicht wie die anderen so leicht das Dichterisch Schöne und Bedeutsame mit dem malerisch Darstellbaren verwechselt. Jede seiner Kompositionen fällt auf dadurch, daß sie den wirklich malerisch darstellbaren Moment festhält. Rethel war der geborene Historienmaler mit dem sicheren Instinkte für das ihm Erreichbare und Notwendige, der sich die Geschichte nicht von Dichtern vorempfinden ließ, sondern selbst schuf mit Hilfe einer dramatischen und zugleich malerischen Phantasie. Die kleine Scene von 1831, Kreuzfahrer in der Wüste, wird übertroffen

zu fechten, daß diese vollständig sichtbar bleibt. Das Schülerhafte und Unreife wird am deutlichsten bei Betrachtung der Pferde, besonders wenn wir links vorn den sich aufbäumenden Gaul mit seinen wunderbar verzeichneten Hinterfüßen betrachten. Amüsant ist, wie er zu diesen aus der Tiefe des Gemüts geschöpften historischen Gäulen ganz kühn in den Vordergrund eine offenbar nach der Natur gezeichnete Pferdeleiche hinwirft; eine Künstiges vordeutende Figur ist auch der aus der Mitte des Bildes herausstürmende Krieger, der über diese Pferdeleiche in kühnem Sprunge sich hinschwingt und mit begeisterter Energie vorwärts stürmt. Hat

Abb. 13. Die drei Stände. Tuschzeichnung.
(Verlag der Photographischen Gesellschaft in Berlin.)

Rethel hier mehr gewollt als gekonnt, so sehen wir ihn im Jahre 1834 in einem Entwurfe für die Schlacht bei Sempach, der als Holzschnitt in der „Deutschen Jugend" erschien, einen höchst glücklichen Griff thun (Abb. 11). Da kniet auf freier Höhe die Schar der schwerer Landsleute, um ein stilles Gebet zu sprechen, ehe sie sich hinabstürzen in die Sperre der Ritterschaft, die in stattlicher Linie unten im Thale der Bauern harrt. Hat auf dem vorigen Bilde Rethel offenbar

hauptsächlich Reminiscenzen an Rafael und andere zusammengetragen, so sehen wir ihn hier sichtlich nach der Natur arbeiten, zugleich aber auch in seinen Formen eckiger, stärker und im Ausdruck tiefer und inniger werden. Es ist nicht schwer, hier und da Dürer'sches in der Art der Faltenbildung, in der Profilierung der Greisenköpfe und sogar in der technischen Behandlung zu erkennen. Höchst glücklich empfunden ist die Gestalt des Hornbläsers, der ganz vorn am Abhange kniend sich gegen die Ferne prächtig abhebt und etwas Urwüchsiges, Starkes, recht Landsknechtsmäßiges hat. Prachtvoll ernst, innig und tief sind diese todgeweihten Kämpfer geschildert, von denen in weisem Maßhalten nur einige der Gestalten voll sichtbar gezeichnet sind, während man die Schar der übrigen, über den Bergabhang verstreut, mehr ahnt als sieht. Daß es eine durch Cornelius vermittelte Kenntnis Dürers ist, die Rethel so glücklich beeinflußte, sieht man deutlicher noch aus dem wohl gleichzeitigen Entwurfe für einen Tod des Winkelried, der, von den Speeren der Ritterschaft durchbohrt, zusammenbricht, während ihn hin die Eidgenossen furchtbar auf die Gepanzerten einstürmen (Abb. 12). Rethel hat dabei schon eine einfache markige Darstellungsweise, die doch zugleich plastisch modelliert und wohl erkennen läßt, daß die Natur ihm durch die Studien zu seinen Gemälden jetzt weit vertrauter geworden ist. Erinnert auch der zusammenbrechende Winkelried lebhaft an eine der Grabwächtergestalten von Dürers Holzschnitt aus der großen Passion, so sind dafür unter den stürmenden Schweizern Gestalten ureigenster Schöpfung vorherrschend. Höchste Wut und Aufregung des Kampfes bei den Schweizern, Todesangst bei den Rittern ist so stark geschildert, daß wir kleine Seltsamlichkeiten der Kostümierung bereits ganz vergessen.

Ebenso merklich ist Dürers Vorbild in dem zarten Entwurfe „die drei Stände", besonders in der Anordnung der Landschaft (Abb. 13*).

Der Entwurf „Tod Adolfs von Nassau"

* Von diesem Entwurfe hat die photographische Gesellschaft in Berlin einen vorzüglichen Lichtdruck hergestellt.

(Abb. 14) bewahrt noch manches von der allzu drastischen Rittergeschichtenmanier. Der unter dem Pferde Adolfs liegende Mann, der sein Schwert dem Tiere tief in die aufgerichteten Weichen stößt, oder rechts vorn das wunderliche Roß entbehren nicht einer gewissen Komik. Aber in dem Entwurfe „Gottfried von Bouillon vor Jerusalem" (Abb. 15) herrscht eine schöne und feierliche Begeisterung, und der Künstler wächst auch da vor

zeigen, auch in den einfachen Entwürfen den ganzen romantischen Zauber der ritterlichen Sagenwelt festzuhalten und frisch und gesund ohne süßliche Ziererei zu bilden. Manches Motiv, das ihm hier zuerst entgegentrat, hat er später in größeren und reiferen Entwürfen wiederholt.

Er war aber auch der berufene Mann zur Illustrierung dieser Rheinsagen. Denn 1833 war er mit drei anderen jungen

Abb. 14. Tod Adolfs von Nassau. Zeichnung. (Verlag der Photographischen Gesellschaft in Berlin.

unseren Augen aus der Schülerschaft heraus.

Es ist nicht uninteressant, gerade bei diesen Erstlingsarbeiten verweilend zu sehen, wie sich entwickelt, was hernach so schöne und so reife Frucht bringen sollte. Übrigens benutzte auch Rethel, wie so viele andere die Gelegenheit, durch Illustrieren seiner knappen Kasse aufzuhelfen. Für die rheinischen Sagen der Adelheid von Stolterfoth gibt er eine Reihe von Entwürfen, die 1835 mäßig lithographiert wurden.

Jene Rheinsagen (Abb. 19—22) gab er in einfachem Kontur mit wenig Schattenandeutung, wußte aber, wie das unsere Abbildungen

Künstlern, sorglos und begeistert, den Wanderstab in der Hand, am „heiligen Strom der Deutschen" dahingezogen und hatte jene sagenreichen Stätten aufgesucht. Noch bewahren seine Nachkommen einen Brief*), in dem er über diese glücklichen Zeiten berichtet, wie sie am Lorleyfelsen Quartette singen, für herrliche Landschaft und hübsche Mädchen schwärmen und in Oberingelheim Kirchweih feiern. In Frankfurt macht er eine Sitzung des liberalen Vereines mit, sieht mit Teil-

*) Abgedruckt bei Müller von Königswinter, Alfred Rethel. Leipzig 1861, F. A. Brockhaus.

nahme die gefangenen demokratischen Studenten und politisiert viel, natürlich ganz schwarzrot golden. Wie hätte der feurige, an allem Anteil nehmende Jüngling sich jener großen nationalen Begeisterung entziehen können!

Als er dann nach Düsseldorf heimkehrt, macht just der Kronprinz von Preußen einen schreibt: „Lieber Otto! . . . Es ist Dein mehr ruhiger und ernster Karakter Bürge, daß Du dem Künstlerstande eine heitere, aber keine leichtsinnige, eine strenggewissenhafte doch keine lächerlich pedantische Seite abzugewinnen Dein Streben sein lässest. Die wahre, echte Kunst ist ein Segen des Himmels — der

Abb. 15. Gottfried von Bouillon vor Jerusalem. Tuschzeichnung.
(Verlag der Photographischen Gesellschaft in Berlin.

Besuch in der Akademie, besichtigt auch Rethels Bonifaciusbild und lobt es. Drollig berichtet der kleine Demokrat, der eben noch blutdürstige Tyrannenmordlieder gesungen, wie er nur kurz und knapp geantwortet, aber nicht vergessen habe, jeder Antwort ein „Ew. königliche Hoheit" beizufügen.

Wie ernst Rethel seinen Künstlerberuf schon in jungen Jahren auffaßt, das lehrt uns ein Brief, den er später (14. Oktober 1841) an seinen Bruder Otto schrieb, als dieser auch zur Malerei überging. Rethel Träger derselben hat zunächst die Aufgabe, dies Kleinod gegen den Einfluß, den Schmutz der Welt zu schützen, dann durch die Mittel, die ihm gegeben sind, zu suchen, dasselbe auf eine würdige Weise auszubilden und so verständlich gemacht, einen durchaus moralisch streng sittlichen Einfluß auf die Bildung der Mitmenschen auszuüben. — Dies ist meiner Ansicht nach der höchste Zweck des Künstlers! Ein streng sittliches Leben bewahrt den hierzu durchaus nötigen Ernst der ist das Fundament. Du wirst jetzt

in einen Kreis von jungen
Leuten kommen, die vielleicht
geeignet sind nur böse auf Dich
zu wirken. Ich bitte dich
dann um des Himmels willen,
laß Dich nicht irre machen.
Ich kam viel jünger wie Du
unter den jungen Künstlerkreis, das war mein Glück.
Man ließ mich links liegen,
doch hatte ich Zeit, meine Beobachtungen zu machen, die
mich denn vielleicht vor man-
chem Fehltritt bewahrten, vor
allem aber den Ernst und die
glühendste Begeisterung für
die Kunst in mir erhielten
und jetzt mich veranlassen,
diese Worte der Mahnung an
Dich ergehen zu lassen.
Wähle vorsichtig unter Deinen
Collegen, wenig und gut ist
besser, wie viel und schlecht
— Laß Dich durch die Ver-
gnügungssucht der dortigen
Künstler nicht in Deinem
Streben wankend machen, Du
büßt dann auch, wie sie, die
einem echten Künstler gebüh-
rende Achtung der Mitmenschen ein —
doch alles hat auch seine Grenze. Bedenke,
daß Du mit Deinem Körper vorsichtig um-
gehen mußt, übertreibe es nicht, nicht nur
schadest Du Dir körperlich damit, sondern
Deine Unbefangenheit und geistige Frische
erhält den Todesstoß. Folge gewissenhaft
der Lehre des Lehrers, namentlich was Technik angeht, überlasse Dich bei Deinen Studien nicht zu sehr einer Willkühr, sondern
halte streng an einer Regel, denn beim Anfang thut dieselbe Not. Studiere bei der
Antike nicht nur die Form, sondern auch
die geistige Größe und Einfachheit der Auffassung und erkenne in ihr den herrlichen
Bau des Menschen, seine Kraft und Grazie
in der Bewegung ohne alle kleinlichen Zu-
fälligkeiten. Unterlasse nicht, Dich wissen-
schaftlich immer mehr auszubilden, namentlich
lich die klassische Litteratur und die Geschichte, besonders die vaterländische, auch
mach' Dich mit der Kunstgeschichte bekannt.
Wird dieselbe gut mitgeteilt, überträgt sich
etwas von einer besseren Kunstzeit auf uns.
Überhaupt verehre die alten Meister, denn

Abb. 16. Jugendbildnis Rethels. Aquarelle von Jakob Becker.
Im Besitz von C. Sohn in Düsseldorf.

ihre Bilder und Stiche sind gleich den Worten
der Bibel. Gott sei mit Dir." —
Seine lebhafte Natur macht sich aber
doch wieder geltend. Sie läßt ihn herzliche
Freude am Wandern finden, und indem er
die Brust weitet, lernt er auch Welt und
Menschen kennen und hebt sich empor über
den engbegrenzten Anschauungskreis der damaligen Düsseldorfer Kunst. 1834 macht
er mit seinem Freunde, dem späteren Dichter
W. Müller von Königswinter, eine zweite
Rheinfahrt. 1835 treibt es ihn weiter.
Er besucht Nürnberg, steht andächtig vor
dem Dürerhaus, ist entzückt von dieser alten
deutschen Stadt und als er dann von München aus zum erstenmale einen Ausblick
auf die fernen Alpen gewinnt, da „pocht
ihm das Herz zum Zerspringen." Das
Klettern in den Bergen ist ihm Hochgenuß,
er schwärmt von den senkrechten Wänden, ungeheuren Felsen, Klippen rc., und die Schauer
der Gebirgswelt, die er später im Hannibalszuge so überzeugend schildert, haben hier
zuerst seine Phantasie tief ergriffen.
Aber er lernt auch in München Boisserée

2*

kennen, sieht mit Andacht des Cornelius jüngstes Gericht, Kaulbachs Narrenhaus, die Meisterwerke der Pinakothek und Glypto-

Auf einer Skizze vom Jahre 1834 zeichnet er sich selbst auf einem amüsanten kleinen Blatt inmitten der Düsseldorfer Kunstgenossen, ein

Abb. 17. Der heilige Martin teilt seinen Mantel. Ölgemälde.
Besitzer: Dr. Passit in Frankfurt a. M.

thek. Aus dem Knaben war indessen ein Jüngling geworden, weit über seine Jahre hinaus gereist und auch äußerlich schnell entwickelt, und zwar auf das vorteilhafteste.

Pferd am Zügel führend (Abb. 23). Neben ihm Camphausen, dann Wiegmann, Lessing, Bendemann u. a. Vor ihm stehen die zwei, durch ihre Zwergengestalt leicht erkennbaren

Abb. 18. Kaiser Maximilian an der Martinswand. Ölgemälde.
Besitzer: Franz Koch von St.-George in Frankfurt a. M.

Kreise der kleinen rheinischen Stadt sich große Empfindungen und große Pläne nur allzu leicht durch kleinliche Betrachtung der Mitlebenden zurückbilden oder vollständig unterdrücken lassen. Nicht zarte Lieblichkeit, sondern kühnen, ernsten, starken Sinn suchte er in dem Meister, dem er sich und seine Fortbildung anvertrauen wollte, und in Veit, der damals gerade für das Städelsche Institut ein großes Werk geschaffen, glaubte er den Mann gefunden zu haben, zu dem er selbst vertrauend aufblicken, bei dem er für seine Empfindungen echte Teilnahme erhoffen konnte. Vielleicht fesselte ihn auch der Umstand, daß Veit mehr als die anderen damaligen Historienmaler farbiges Empfinden, wenn auch nur im Sinne seiner Zeit besaß, daß seine Werke nicht nur auf die Linie, sondern auch auf „Licht und Schatten" und Ton-

Maler Preyer und Lehnen. — Den kleinen Preyer hat er übrigens öfter als Baby karikiert (Abb. 24). Rethel hatte ja bei seiner scharfen Beobachtungsgabe eine natürliche Anlage zum Karikaturenzeichner. Man könnte ein ganzes Album von Rethelkarikaturen zusammenstellen. Aber dieses Talent blieb bei ihm ungepflegt und bisher ganz unbeachtet, weil seine große Natur viel stärker auf das Ernste und Gewaltige drängte. Aus gleichem Grunde hat er die Porträtmalerei ungepflegt gelassen, obwohl das schöne Porträt seiner Mutter (Abb. 2), schon in Düsseldorf entstanden, seine hohe Begabung hierfür erwies. Als er von der Reise heimkehrte, nachdem er in München und Tirol mit so vielen anderen Werken und anderen Menschen in Berührung getreten war, da mochte er deutlicher spüren, wie in dem engen

werte aufgebaut wa-
ren. Und wenn er
nicht die Größe und
Herbigkeit des Kon-
turs besaß, die da-
mals schon in Ent-
würfen Rethels sich
entwickelt hatte, so
besaß er dafür einen
gewissen Geschmack
in der Raumanord-
nung, eine gewisse
Ruhe und Größe
der Zeichnung, die
auf den jungen auf-
strebenden Meister
als glückliches Vor-
bild wirken konnte.
Nebenbei hatten auch
die an der Düssel-
dorfer Akademie stu-
dierenden Rheinlän-
der ein wohl wenig

Abb. 21. Aus „Stollerfoth, Rheinischer Sagenkreis": Die Brüder, Liebenstein und Sternberg. (Verlag der Photographischen Gesellschaft in Berlin.

berechtigtes Vorurteil gegen Direktor Schadow, von dem sie behaupteten, daß er die
aus dem Osten kommenden „Preußen" gegenüber den Rheinländern bevorzuge. Eine
Auswanderung der Rheinländer sollte diesem
unwürdigen Zustande ein Ende machen, und
Rethel war einer von denen, die diese

Drohung ausführten. So verließ er denn
am Ende des Jahres 1836 Düsseldorf, um
ganz nach Frankfurt a. M. überzusiedeln
und im Städelschen Institut im Atelier zu
beziehen, wo er unter Veits überwachender
Hilfe schnell zu größeren Thaten gelangte.
Offenbar wirkten Frankfurt und die Männer, mit de-
nen er dort
zusammen-
traf, anre-
gend auf sein
Schaffen. Mit
Rethel zu-
gleich kam
Steinle, der
feinsinnige po-
etische Ro-
mantiker, spä-
ter der diesem
verwandte,
aber größere
Moritz von
Schwind. Mit
Passavant
kam Rethel in
Berührung,
und besonders
reiche Anre-
gung empfing
er aus dem

Abb. 22. Aus „Stollerfoth, Rheinischer Sagenkreis": Der Mäuseturm.
(Verlag der Photographischen Gesellschaft in Berlin.)

Abb. 24. Düsseldorfer Künstler. Zeichnung. Aachen. Städtisches Museum.

war ein weiterer glücklicher Umstand. So fühlt er sich frei und nimmt in seinen Werken einen höheren Flug. „Ich bin hier viel mutiger und was ich mal, wird lebendiger als in Düsseldorf," schreibt er in einem Briefe.

Zunächst führt er einen Entwurf der Düsseldorfer Zeit aus. „Nemesis, einen Mörder verfolgend" (Abb. 25). Aus der friedlichen Ruhe der Düsseldorfer Scheinwelt führt er uns in leidenschaftliche Aktion. Der erste Entwurf zeigt den fliehenden Mörder, den die Justitia mit verbundenen Augen, Schwert, Wage und Stundenglas in der Hand, verfolgt. Bald erkannte er, daß die Justitia hier, wo sie den Mörder mit gerechter Strafe verfolgt, nicht mehr die blinde Sprecherin des Rechtes, sondern die

Verkehr mit einem Gelehrten, dem Dr. Hechtel, den ein glücklicher Zufall ihm zuführte. Denn aus der poetisierenden Auffassung der Geschichte führt ihn dieser in die quellenmäßige Forschung ein, und wenn Rethel in der Folgezeit die Weltgeschichte nicht wie die Düsseldorfer als einen Anekdotenschatz oder Bilderbuch für große Kinder, sondern als eine große, ernste, tiefes Studium und strenge Gelehrsamkeit verlangende Sache betrachtete, so lag das zwar in ihm, wurde aber offenbar durch Hechtels Einwirkung wesentlich gefördert. Es ist einer der seltenen Fälle, in dem Gelehrtentum der Künstlerschaft etwas nachhaltig Wirkendes zu geben wußte. Daß die Romantik in der auf dem Boden der Natur wurzelnden Auffassung von Veit, Steinle und Schwind ihm hier begegnete,

unerbittlich vergeltende und verfolgende Rachegöttin, die Nemesis, sein mußte, und so änderte er demgemäß den Entwurf, nahm ihr die Binde von den Augen und die Wage aus den Händen (Abb. 26). Aber jener erste Entwurf, den neuerdings die Berliner photographische Gesellschaft in einem stimmungsvollen Lichtdruck publizierte, ist fast noch wuchtiger und furchtbarer als das ausgeführte Bild. Doch hat auch letzteres einen tiefen und schauerlichen Eindruck auf jene, alles Kräftigen und Wilden entwöhnte Zeit gemacht. Wie da über öde Heide, an deren Horizont ein Erschlagener in seinem Blute sich wälzt, der Mörder mit flüchtiger Sohle hinstiebt, weit vorgebeugt, in flatterndem Gewande Dolch und geraubtes Geld krampfhaft an sich pressend, mit der anderen Hand entsetzt im Gewande wühlend, und mit gefletfchten Zähnen düfter und ftarr in die Ferne blickend! Rethel befaß die künftlerifche Kraft, um fern von allem Theaterhaften diefen Mörder zum Typus eines von verzehrender Angft gepeitfchten, von allen Qualen des Gewiffens Gefolterten zu machen. Auch heute noch würde man diefe Geftalt des in halbdunkler Nacht dahinjagenden als ein außerordentliches Werk bewundern, obwohl man die allegorifche Figur der Nemefis, die etwas friedlich hinter ihm herfchwebt, gern entbehren würde. Jene Zeit verlangte eine deutlichere Sprache, und Rethel hat in diefem großen, ernften, aber faft demütig auf das Opfer niederblickenden Engel des Gerichtes eine gewiß eindrucksvolle und fchöne Geftalt voll Würde und Ausdruck gefchaffen. Aber man denke fie fort und an ihrer Stelle den weit fich hinfpannenden nächtlichen Himmel, fo würde der Eindruck des fliehenden Mörders weit mehr erfchüttern. Das Bild war im Dezember 1836 untermalt, im März 1837 vollendet und wurde fofort vom Frankfurter Kunftverein für fechzig Friedrichsd'or angekauft, kam in die Hände eines Bundestagsgefandten, dann eines Herrn von Reutern und ift heute leider gänzlich verfchollen, fo daß unfere Abbildung nach einem Stiche von Pommer gegeben werden mußte. Wie tief der Eindruck auch auf Rethels Zeitgenoffen war, beweift die Anekdote, daß es einen ungerechten Richter, einen jener Demagogenriecher, dem es durch die Verlofung zugefallen fein follte, in Verzweiflung und in den Tod getrieben habe. Wichtig ift es für uns als das erfte Beifpiel jenes düfteren todesernften Zuges, der neben rheinifcher Heiterkeit in Alfred Rethel lebte und ihn frühzeitig als einen gereiften, faft möchte man glauben fchickfalsgeprüften Mann uns darftellt. Merkwürdig ift, daß er die erfte Anregung

zu diefem Bilde erhielt, als ein Freund eine Beethovenfche Sonate fpielte. Hat er vielleicht auch einen Stich nach Prud'hons verwandtem Bilde gekannt?

Weniger bedeutend, aber offenbar den Zeitgenoffen weit fympathifcher war das im Dezember 1836 begonnene, 1838 vollendete Gemälde „Daniel in der Löwengrube" (Abb. 27). Die Entwürfe dazu entftanden fchon in Düffeldorf, und fo fcheint der Geift Schadows noch unfichtbar darüber zu fchweben. Im Aachener ftädtifchen Suermondt Mufeum befindet fich eine noch unbekannte Farbenfkizze zu diefem Thema, offenbar ein früher Düffeldorfer Entwurf, den er fpäter feinem Freunde Schillings fchenkte. Die Scene ift malerifch und lebendig, Daniel kniet, um Hilfe flehend, in der Grube.

Und nun vergleiche man das ausgeführte

Abb. 24. Karitatas (Maler Breuer).
Aus dem Rethel-Skizzenbuch. Aachen. Städtifches Mufeum.

Abb. 25. Nemesis, als Justitia den Mörder verfolgend. Tuschzeichnung. (Verlag der Photographischen Gesellschaft in Berlin.)

Bild. Rethel wollte dem Vorgange das Genrehafte nehmen, etwas Ernstes, Monumentales hineinlegen. So erfand er statt des in theatralischer Pose knieenden den würdig stehenden Daniel, der über alle Schrecken erhaben ist in seinem Gottvertrauen. Offenbar hat wieder der alte Schadow sänftigend und beschwichtigend auf die ursprünglich so lebendige Komposition gewirkt.

So steht der brave Daniel fest aufgerichtet, feierlich, unter den sich etwas zahm gebärdenden Leuen, schön, edel, fast zierlich, nach unseren Begriffen zu ruhig, zu teilnahmslos, zu wenig der Situation entsprechend. Das Kolorit dieses Bildes wurde seiner Zeit als das schönste aller seiner Werke gepriesen, denn es bewahrte den zarten, freundlichen Ton der angenehm gefärbten Düsseldorfer Bilder, unter denen es immerhin koloristisch als eines der vornehmsten gelten darf. Es ist säuberlich und geschmackvoll durchgeführt. Das weiche Rot des Mantels und das bläuliche Weiß des Leibrockes gehen gut zusammen. Die Schatten sind fein und durchsichtig, der halb orientalische Typus des bräunlichen Kopfes wie auch die Hände sind bei aller Weichheit der Modellierung gut und bestimmt gezeichnet. Rethel selbst ist stolz und glücklich auf den Erfolg, den er mit diesem Bilde gehabt hatte, auf die günstigen Urteile, die

Abb. 26. Nemesis, den Mörder verfolgend. Stich von G. Sommer.

oder Delaroche als an Düsseldorf, obgleich die erste Skizze noch in der Düsseldorfer Zeit entstand. Vollendet wurde das Bild 1838. Wie unser Entwurf zeigt (Abb. 28), sind die Schweden bei Nachtzeit auf das Schlachtfeld hinausgerückt, um im Scheine düster lodernder Fackeln unter einem Haufen von Leichen ihren Feldherren und König zu suchen und zu finden. Mag auch in der Ausführung die Darstellung des ungewissen flackernden rötlichen Lichtes der Fackeln nicht so gelungen sein, wie moderne Kunst derartige Beleuchtungsaufgaben löst, so ist doch, was er gemalt, die Kühnheit mit der er das Zeitkostüm behandelt, das Dramatische der Handlung, überhaupt die Berechnung des Ganzen und der Aufbau auf Licht- und Schatteneffekte ganz außerordentlich. Rethel war offenbar eine jeder Anregung zu-

Abb. 27. Daniel in der Löwengrube. Ölskizze. Aachen. Städtisches Museum.

Passavant und andere Kenner darüber fällen. Dazu kam, daß das Bild für 2000 Gulden an das Städelsche Institut verkauft wurde, was ihn aus Verlegenheit und Entbehrungen befreite.

Jedenfalls stärkte das auch seinen Unternehmungsgeist. Im Frühjahr 1837 begann er die Studien zu einem historischen Bilde, das diesmal nicht in ferner Vorzeit, sondern im XVII. Jahrhundert spielte, zur „Auffindung der Leiche Gustav Adolfs auf dem Schlachtfelde bei Lützen" (Abb. 28, 29). Thema und Behandlung erinnern eigentlich weit mehr an Piloty

gängliche Künstlernatur, die fern von allen Schulschranken das Gute überall suchte und hier der von Frankreich ausgehenden malerischen Richtung und wohl auch den Eindrücken der koloristischen Schule alter Zeit Rechnung trug. Es ist wichtig zu sehen, aus wie vielerlei Elementen sich sein Können zusammenbaute und wie energisch er trotzdem seinem großen Ziele, der Schaffung eines historischen Stiles, zum Teil unbewußt entgegenstrebte. Er selbst war übrigens mit Recht mit diesem seinem Werke wenig zufrieden, und er übermalte es daher später

mehrfach. In der letzten Düsseldorfer Zeit
waren auch die Entwürfe für einige kleinere
Ölgemälde entstanden, an denen er 1838
in Frankfurt noch arbeitet. Zunächst eine
Darstellung des heiligen Martin, der seinen
Rittermantel einem Bettler spendet (Besitzer
Dr. Ponfick, Frankfurt a. M. Abb. 17) und
ferner das Bildchen „Kaiser Max an der
Martinswand" (Abb. 18), wo ein Engel in
Hirtengestalt dem Verschmachtenden Hilfe
bringt. Endlich die Darstellung des Eintritts

Figuren malten, so arbeitete Rethel einig
weiter und hinterließ schließlich den Ent
wurf fertig dem erfreuten Freunde. Die
kleine, flotte Skizze ist außerordentlich lässig
behandelt, fast an die Manier damaliger
französischer Koloristen erinnernd. Bemerkt
sei hierzu, daß in Rethels Nachlaß sich eine
Zeichnung findet, welche die gleiche Szene
darstellt, und vermutlich vor dieser Farben
skizze entworfen ist, die danach wesentlich
später zu datieren wäre.

Abb. 28. Auffindung der Leiche Gustav Adolfs. Entwurf.
(Verlag der Photographischen Gesellschaft in Berlin.)

Karls V. in das Kloster St. Just. Rethels
innerstes Sehnen nach Größe und Macht
kämpft hier noch mit der Düsseldorfer Neigung
zum Anekdotenhaften und Gefälligen.

Dieser Übergangszeit soll auch die um
stehende Farbenskizze Abb. 30 angehören,
die bei einem Besuche Rethels im Atelier
seines Jugendfreundes Schillings entstand.
Leo Schillings, ein geschickter Dilettant,
malte gerade an einem Entwurfe, der nicht
glücken wollte. Rethel tadelte manches, nahm
schließlich selbst den Pinsel, und setzte den
Himmel ins Bild. So — meinte er —
so malten „die Alten" Lüfte. Da Schillings
aber auch erfahren wollte, wie „die Alten"

Im Auftrage des Frankfurter Kunst
vereins vollendete er 1840 ein größeres Ge
mälde, die Aussöhnung des Kaisers Otto I.
mit seinem Bruder Heinrich darstellend (Abb.
31, 32). Die Aussöhnung soll nach einigen
im Saalhofe, nach anderen im Dom zu
Frankfurt stattgefunden haben und das Bild
dieses lokalgeschichtlichen Ereignisses wurde
deshalb bei Rethel zum Schmuck des Römers
bestellt. Die Zeitgenossen fanden den Gegen
stand zu anekdotisch, das Kolorit zu schwer.
Aber gerade die feste, breitere Behandlung
der Farbe, der etwas düstere schwere Ton,
war doch offenbar von Rethel gewählt, um
der seelischen Stimmung Ausdruck zu geben.

Im Pilgerkleide kniet der wilde abtrünnige | drohend den Finger. Es wäre viel ein-
Heinrich vor seinem königlichen Bruder am | facher gewesen, echt theatralisch den gerühr-

Abb. 21. Aufnahme der Leiche Gustav Adolfs. Ölgemälde. Stuttgart. Museum.

Kirchenportal nieder. Schnell, mit einer | ten und versöhnten Kaiser darzustellen, dem
fast drohenden Gebärde ist dieser auf ihn | der Bruder weinend an die Brust sinkt, und
zugetreten, und indem er ihm die Hand zur | gewiß hat Rethel sich dadurch ein zartes
Versöhnung bietet, hebt er warnend und | und liebliches Motiv entgehen lassen. Sicher

mit Absicht. Hat er doch dafür die Gewalt des siegreichen Fürsten, das Gefühl der Herrscherkraft in ihm, den Willen zur Versöhnung zugleich mit dem Willen, diese Versöhnung auch gewaltig zu wahren, in der Königsgestalt ausgesprochen. Und einfach aber tief ist der Seelenkampf des knieenden Bruders dargestellt, der barfuß, mit ent-

verlogene historische Werke in jener Zeit Begeisterung erregt haben, so versteht man es kaum, wie dieses fast totgeschwiegen und bis heute fast unbekannt bleiben konnte. Hoffentlich wird es aus seinem versteckten Aufenthalte bald erlöst und der Huldigung dargeboten, die es verdient. Wer in unserer Abbildung die Skizze mit dem ausgeführten

Abb. 34. Die zwei Reiter. (Skizze. Besitzer: Schillings-Aachen.)

blößtem Haupte, bezwungen durch die stärkere Kraft, vor dem Großen niedersinkt, erschrocken, scheu und innerlich gebrochen zu ihm aufblickt und zurückbebend vor seinem Zorn angstvoll nach der versöhnenden Hand greift. Nur die Gestalt des Greises hinter den beiden erinnert an schlechte Zeitgewohnheiten, sie allein ist Füllfigur. Die Scene, das romanische Kirchenportal, die Straße im Schnee, in der Ferne wiederum der Chor eines romanischen Kirchleins ist anspruchslos, aber charakteristisch gezeichnet. Wenn man bedenkt, wie viele gefühlselige und

Bilde vergleicht, der beachte, wie wenige, aber bedeutsame Änderungen bei der Ausführung vorgenommen wurden. Wie, abgesehen von einer Verbesserung der Gewandmotive, die eine Ausführung im großen naturgemäß mit sich brachte, in der Hauptsache der seelische Ausdruck vertieft und namentlich die Bewegung des Knieenden aus einer schablonenmäßigen in der Kopfhaltung zu einer einfachen, aber wahren umgewandelt wird.

Für die Art, wie Rethel und mit ihm die Mehrzahl der damaligen Künstler ar-

Abb. 31. Verlobung Kaiſer Ottos I. mit ſeinem Bruder Heinrich.
Entwurf. Verlag der Photographiſchen Geſellſchaft in Berlin.

Weſentliche. Jedes Bild ſoll ein neues maleriſches Problem behandeln. Unabläſſige Beobachtungen der Natur und Uebung vor derſelben iſt Vorbedingung. Mit der Natur ringt er, aus ihr gewinnt er ſein Motiv, ſein Bild unmittelbar. Alle die zahlloſen Vorſtudien ſollen ſeine Fähigkeit, ein Farbenproblem ſich zu ſtellen und es zu löſen, bis zum äußerſten ſteigern. Für Rethel und ſeine Geſinnungsgenoſſen iſt der Gedanke, das, was das Bild inhaltlich zu ſagen hat, das Wertvollere. Für den modernen Künſtler iſt das farbige Problem entſcheidend, das jenen Meiſtern ſo fern lag, daß ſie die Farbe beim Entwurf überhaupt nicht berückſichtigten, und in ihren Kompoſitionen ein Spiel mit Kon-

beitet, iſt es belehrend, neben den ausgeführten Werken die zahlreichen Entwürfe kennen zu lernen, die ihn unausgeſetzt beſchäftigten. Wie der moderne Künſtler unabläſſig Studien malt, um gelegentlich eine oder die andere zum Bilde auszugeſtalten, ſo ſind die Künſtler jener Periode ſtets damit beſchäftigt, ihre Phantaſie mit Bildern zu erfüllen und in ſauber durchgeführten Entwürfen ſie feſtzuhalten. Studien dagegen werden in der Regel nur dann gemacht, wenn es gilt, einen dieſer Entwürfe in Öl oder in größerem Maßſtabe auszuführen. Man trat damals erſt in dem Augenblicke vor die Natur, wenn das Bild im weſentlichen ſchon feſt ſtand. Für den modernen Künſtler iſt die Beherrſchung der Darſtellung, die ſogenannte Technik, das

turen trieben. Rethel iſt einer der ſeltenen, die neben reicher Phantaſie das Bewußtſein von der Realität der Dinge bewahrten. Gerade bei ihm wird daher von Bild zu Bild ein Streben nach größerer Reife und Fülle des Stiles ſichtbar. Aber auch bei ihm tritt die Kompoſition in den Vordergrund gegen die Studie.

So haben wir aus dem Jahre 1838 einen Entwurf „Hiob und ſeine Freunde". In öder ſelſiger Landſchaft an verdorrten Bäumen, zwiſchen denen ein von der Seuche gefallenes Kalb liegt, kniet in den Ruinen ſeines Hauſes der jammernde Greis, der übrigens in Zeichnung und Auffaſſung lebhaft an Dürerſche Alte mahnt. Im Hintergrunde links ſeine jammernden Freunde, die ihr Gewand zerreißen und von ſeinem Elende

Abb. 32. Versöhnung Kaiser Ottos I. mit seinem Bruder Heinrich.
Eichwalde. Frankfurt a. M., Römer.
(Verlag der Photographischen Gesellschaft in Berlin.)

tief bewegt erscheinen. Weshalb hat Rethel dieses Blatt nicht weiter ausgeführt? Empfand er es, daß diese drei jammernden Männer in der Schilderung des Dichters wohl tiefen Eindruck machen könnten, im Bilde aber unglücklich wirkten? Ahnte er, daß die Andeutung des gebrochenen Hauses, die Verzweiflung des die Haare sich raufen-

getünstelte Stellung und in der Ausführung wäre gewiß dieser ewig die Gesetzestafeln im Zorne emporhebende Mann kein glückliches Bild geworden. Er muß in diesen Jahren das Alte Testament besonders eifrig studiert haben. Er entwirft das Bild Josuas, der die Bundeslade glücklich durch den Jordan geführt und nun, Halt machend, das Antlitz

Abb. 33. Hiob und seine Freunde. Bleistiftzeichnung.
(Verlag der Photographischen Gesellschaft in Berlin.)

den Hiob als Bild weniger Wirkung versprechen als in der Dichtung? Empfand er es, daß ein grausiges Schicksal hier erzählt wurde, ohne als Bild grausig zu wirken? Aus dem Jahre 1839 geben wir die Darstellung Mosis, der mit Josua vom Sinai herabschreitet (Abb. 34). Das dem Götzendienste huldigende Volk erblickt er und erhebt in gewaltigem Zorne die Gesetzestafeln, um sie am Felsen zu zerschmettern. Prächtig ist hier die wilde Felslandschaft, groß und wuchtig die Gestalt des erzürnten Gesetzgebers; aber Josua schon zeigt eine etwas gesuchte,

zum Herrn erhebt (Abb. 35). Der sendet die Strahlen seiner Sonne über die Lade, über die Streiter und über das weite gesegnete Land hinaus. Ein glücklicher Entwurf, der es bedauern läßt, daß er nicht in größerem Maßstabe an einer Kirchenwand als Fresko ausgeführt wurde.

Das Bild Davids, der zu Sauls Stauen vom alten Samuel gesalbt wird (Abb. 36), oder Davids, der mit Abisai in das Zelt des grausamen Saul eindringt (Abb. 37), ihm aber nur den Becher raubt, haben beide einen etwas akademischen Charakter; interessant aber ist der Typus des knieenden, demütigen und doch kraftvollen Knaben auf dem ersten der beiden (Abb. 35). Stilistisch unmittelbar verwandt ist dann der Entwurf zu einer Schlacht bei Merseburg (Abb. 38), glücklicher und natürlicher, als die mindestens sieben Jahre frühere Martellschlacht, aber doch noch etwas kühl komponiert. Immer weiß er in die Mitte ein paar Gestalten zu bringen, die wirklich kämpfen und raufen, aber im allgemeinen ver-

auch aus dieser Zeit stammen soll und die den Kaiser Theodosius schildert, der von siegreichem, aber grausam geführtem Feldzuge heimkehrend, die Kirche betreten will. Da, am Portal tritt ihm Bischof Ambrosius entgegen, dem Massenmörder den Eintritt in das Heiligtum wehrend, und belegt ihn kühn mit dem Banne (Abb. 39). Kaiser und Bischof sind die beiden sprechenden Figuren, das geleitende Volk tritt zurück. Erschüttert, em-

Abb. 31. Moses zertrümmert die Gesetzestafeln. Federzeichnung.
(Verlag der Photographischen Gesellschaft in Berlin.)

mag er sich nicht frei zu machen von jener Raffaelschen Schlachtendarstellung, die niemals einen Massenkampf schildert, sondern auf der jeder einzelne in Haltung, Bewegung und Ausdruck irgend etwas ganz Besonderes zeigen muß, als ob ein paar Hundert mit Waffen aneinander drängende Männer immer bemüht wären, einen möglichst mannigfaltigen Eindruck auf den Beschauer zu machen. Je mehr solcher interessant sein wollender Männer auf diesen Schlachtenbildern zusammenkommen, um so unwahrer und ungenießbarer wird das Werk. Wie anders, wie viel großartiger ist jene Darstellung, die im Entwurfe

jetzt, offenbar im innersten Gewissen tief getroffen, prallt Theodosius zurück, birgt schamvoll das Antlitz, und man spürt in seiner Bewegung den Kampf zwischen seinem Willen, einzutreten, und seiner Ohnmacht gegenüber dem höheren Willen, der aus des Bischofs Munde zu ihm spricht. Und dieser Bischof in seiner Würde und seinem furchtbaren Ernste, in seiner strengen, gewaltigen Bewegung, ist das Bild des durch höheren Willen gefestigten Mannes, der im Namen eines Größeren sich großen Wagnisses unterfängt. Das Staunen des Volkes und der Kriegsleute tritt neben dem Ausdrucke dieser beiden Hauptfiguren

3*

maßvoll zurück. Wer diesen Entwurf mit den letztgenannten vergleicht, wird bemerken, daß an Stelle der glatten, festgeführten Linien auf dem Theodosius-Bilde viel breitere unruhige Konturen und flüchtigere Schattierung getreten ist. Man vergleiche nur einmal einen der Schilde auf der Merseburger Schlacht mit dem Schilde des Kriegers auf dem Theodosius-Bilde: dort glatter gleichförmiger Kontur, hier zerrissene, aber wuchtige

geworden wäre. Denn hier kam nicht nur ein großer historischer, sondern auch ein tief seelischer Konflikt zum Ausdruck, und Rethel hätte wohl gewußt, gerade dieses letztere Moment so zu steigern, daß es auch im modernen Sinne ein Bild geworden wäre. Viel mehr illustrativ bildmäßig sind die drei Entwürfe zur Geschichte des Rudolf von Habsburg, die seinen Kampf gegen die Raubritter, das Anerbieten der Kaiserkrone und das Geleit

Abb. 35. Josua mit der Bundeslade. Getuschte Bleistiftzeichnung.
Verlag der Photographischen Gesellschaft in Berlin.

Formen. Die Schilder der Merseburg-Schlacht scheinen dünn wie Papier, dieser hier ist breit und stark. Rethel hatte nämlich den Theodosius-Entwurf in seiner letzten Zeit noch in Rom überarbeitet, d. h. die Konturen nachgezogen. Einzelne Gestalten, wie die knieende Frau vorn links, oder der Mann oben rechts von der Säule erinnern deutlich an Raffaels Werke. Daß Rethel den Theodosius-Entwurf noch in Rom wieder vornahm und bearbeitete, zeigt, daß er ihn mit Recht für einen seiner besten, imposantesten und glücklichsten Entwürfe hielt, der, in großem Maßstabe ausgeführt, ein Bild von bleibender Bedeutung

des Kurfürsten Werner über die Alpen darstellen. Unsere Abbildung 40 zeigt die Scene, wie dem Habsburger im Feldlager vor Basel von den Abgesandten die Kaiserkrone dargebracht wird, wobei denn ein wenig Theatralisches mit unterläuft. Andere Entwürfe dieser Zeit sind die mehrfach wiederholte Beerdigung Heinrich Frauenlobs, eine Darstellung des Erfinders der Buchdruckerkunst, eine sehr eigenartige Wiedergabe Schillers in seinem Studierzimmer.

Es war ein emsiges, aber frohes Schaffen, dem Rethel sich in Frankfurt hingegeben. Überreichlich strömten ihm die Gedanken zu,

und auch an Bestellungen fehlte es nicht.
Da erhielt er eine Freudenbotschaft, die seine
Hoffnung auf das höchste entflammte und
seinen Lebenswunsch zu erfüllen schien. Der
rheinisch-westfälische Kunstverein und die
Stadt Aachen hatten beschlossen, den sogenannten Krönungssaal des Rathauses mit
Fresken aus der Geschichte Karls des Großen
ausmalen zu lassen. Unverzüglich ging Rethel daran, für die dazu ausgeschriebene Konkurrenz Entwürfe zu schaffen. Unbeschreiblich
aber war sein Jubel, als ihm der Preis

der Freskomalerei, so doch ein großer und
ehrenvoller Auftrag zu teil. Auch hier sollte
er mitwirken am Schmucke eines durch die
Geschichte geweihten Raumes. Der Festsaal
im Römer zu Frankfurt wurde damals mit
den Bildnissen aller deutschen Kaiser aus-
gestattet. Ein eigentlicher Schmuck im künstlerischen Sinne ist diese Folge dicht aneinander gereihter Männergestalten wohl kaum
zu nennen. Es ist bezeichnend für den damals herrschenden Geschmack, daß man, ohne
irgendwie den künstlerischen Eindruck zu be-

Abb. 36. Salbung Davids. Zeichnung.
Verlag der Photographischen Gesellschaft in Berlin.

und die Ausführung zugesprochen wurden
und er in einem glückerfüllten Briefe vom
4. August 1840 seiner treu sorgenden Mutter
dieses melden durfte.

Seiner hochgespannten Erwartung wurde
indessen zunächst ein Dämpfer aufgesetzt. Ein
Streit über die bauliche Gestaltung des Rathauses verhinderte einen bestimmten Entschluß über die Ausmalung, und der unge-
duldige Künstler mußte während sechs langer
Jahre, zwischen Hoffnung und Entsagung
schwankend, die Ausführung verschieben. Den
ohnehin nervösen und reizbaren muß diese
Verschleppung tief gekränkt und verstimmt
haben. Indessen wurde ihm in Frankfurt,
wenn auch nicht Gelegenheit zur Ausübung

rechnen, in dem ohnehin mangelhaft be-
leuchteten Raum Bild an Bild drängte.
War schon die allgemeine Anordnung eine
unkünstlerische, so war die Ausführung bei
der Mehrzahl der Bildnisse recht unerfreulich.
Nicht jeder dieser deutschen Kaiser war ein
Charakter und eine imposante Persönlichkeit. Von vielen war kaum mehr als eine
Andeutung ihrer äußeren Erscheinung, von
manchen auch diese nicht einmal bekannt.
Und nun wurde die ganze Reihe zum Teil
sehr gering begabter Künstler mit der so
schwierigen Aufgabe betraut, diese Männer
im Bilde der Phantasie lebendig zu machen.
Damals, als man in allen Dingen so eifrig
danach spähte, was italienische Kunst lehren

konnte, versäumte man doch gerade hier, etwa aus den Fresken Andrea del Castagnos u. a. zu lernen, wie solche Einzelgestalten im Raume angeordnet und wie sie durch gewaltige Individualisierung zu Kunstwerken gestempelt werden konnten.

Kam wirklich ein mit historischer Erkenntniskraft begabter Mann wie Rethel zur

hange hebt sich die Gestalt in einfacher, aber stolzer Haltung, fast im Profil gesehen, ab. Der Kopf aber ist voll dem Beschauer zugewendet und blickt mit einem seltsamen Ausdruck gedankenvoll zu uns hernieder. Es ist, als ob er den Fürsten als sinnenden Träumer uns vorführen wollte. Nur das seltsame Emporhalten des Schildes erweist sich als eine

Abb. 37. David im Zelte Sauls. Zeichnung.
Verlag der Photographischen Gesellschaft in Berlin.

Mitarbeit an dieser Porträtsammlung, so tritt dann um so auffallender die Schwäche der übrigen zu Tage. Vier Kaiserbildnisse steuerte er bei, alle vier ragen zunächst malerisch weit hervor über ihre Umgebung. Auffallend sind sie weiter durch ihre, sorgsames Naturstudium beweisende Durchbildung. Vor allem aber durch die Strenge und Größe der Stilisierung und durch die Kraft der Individualisierung.

Mit Philipp von Schwaben (Abb. 42), der im Februar 1842 vollendet wurde, beginnt die Reihe. Von dem einfach gemusterten Vor-

Verlegenheitsbewegung, wie sie die übrigen Römerbilder so häufig zeigen. In der Auffassung noch glücklicher ist die Gestalt Karls V. (Abb. 43), von dem noch eine von 1840 datierte Farbenskizze erhalten ist. Wir geben dazu ein interessantes Studienblatt, das zur Linken den ersten Entwurf zeigt, bei welchem der Kaiser noch das Haupt mit einem Barett bedeckt hat (Abb. 44). Daneben findet sich eine sorgsame und gut gezeichnete Aktstudie nach der Natur, die uns beweist, wie sorgfältige Vorarbeiten er machte, um in der Gewandfigur das volle Leben der Gestalt zum

Ausdruck zu bringen. Besonders die Bewegung der aufgestützten Hand, das etwas lässige matte Vorneigen des Kopfes, ist hier so vorstudiert, wie es auf dem Bilde wirklich ausgeführt wurde. Es existiert eine wohl noch frühere Zeichnung, ein erster Entwurf für die Gestalt, die den Kaiser stolz und vornehm sich in die Brust werfend darstellte. Offenbar hat aber das historische Studium der Persönlichkeit ihn angeregt, jene lässigere matte Haltung zu wählen, die dem schliesslich zum

Sein echt historisches Erfassen der Aufgabe erweist er dann ebenso glänzend bei der Darstellung Kaiser Maximilians I. (Abb. 15). Im Entwurfe für dieses Bild spüren wir deutlich, dass er gleichzeitige deutsche Werke der Augsburger Schule zu Rate gezogen haben muss, als er die Gestalt des letzten Ritters schuf. Selbstverständlich gab er ihm, den Turnierlustigen und Festesfreudigen, im Prunkharnisch, verlieh ihm eine stattliche kraftvolle Haltung, die auf der ersten Skizze

Abb. 14. Schlacht bei Merseburg. Zeichnung.
(Verlag der Photographischen Gesellschaft in Berlin.)

menschenfeindlichen Sonderling sich entwickelnden Fürsten besonders charakteristisch erscheint. Er verlieh ihm den müden und doch lauernden Blick, den scharfen, fast misstrauischen Ausdruck der Züge. Auch entfernte er, um die charakteristische Silhouette des Kopfes gegen den Himmel scharf abzusetzen, bei der Ausführung das Barett als störende Zuthat. Das Bild ist von 1839 datiert und dürfte das erste der ganzen Folge sein. In der Architektur, vor allem auch in der koloristischen Behandlung strebt er offenbar danach, dem Bilde einen Charakter zu verleihen, als sei es nicht im XIX. Jahrhundert, sondern zu Lebzeiten des Kaisers geschaffen worden.

noch schwankend erscheint, aber durch kleine Änderungen bei der Ausführung vollendet gewahrt wurde. Auf der Skizze ist die linke Hand noch mit einer rhetorischen Bewegung ausgestreckt, im Bilde fasst Maximilian den Lorbeerkranz; mit gewappneter Hand, was man als eine feine Anspielung gelten lassen möchte, für den Mann, der nach wissenschaftlichen und künstlerischen Lorbeeren nicht minder als nach dem kriegerischen Ruhme strebte. Dieselbe Hand aber fasst die mächtige Turnierlanze, während die Rechte energisch den Dolch fassend in die Hüfte gestemmt ist. Die Züge des Antlitzes sind scharf, voll Selbstbewusstsein, der Mund allein von feiner liebenswürdiger Weichheit.

läßt er vor einem mittelalterlichen Gewölbe
ein paar Renaissance-Architekturformen sichtbar werden, die wohl mit Recht daran ge-
mahnen sollen, daß unter diesem Fürsten
faltige Äußerlichkeiten das Wirken und
Wesen dieses Mannes angedeutet, ohne kleinlich zu werden und ohne den Gesamtein-
druck des kraftvollen selbstbewußten Kaisers

zu zerstören. Die malerische Ausführung hat ihm bei diesem Bilde besondere Freude gemacht. Am 10. Dezember 1842 schreibt er seinem Bruder: „Kaiser Max schreitet rüstig vorwärts. Ich wollte, Du könntest mich an demselben mit breitem, plattem Vorstpinsel wirtschaften sehen."

Wenn daneben das Porträt Maximilians II. (Abb. 46) etwas nichtssagender und

hüllt. Eine gebrochene Glocke ruht daneben. Beides Zeichen des noch auf der Leiche ruhenden Bannes. Nur ein Mönch hält in der Einsamkeit die Totenwacht beim Kaiser. Man sagt, es sei ein natürlicher Sohn des Fürsten gewesen, der hier in der Einsamkeit vor einem Schemel kniend, inbrünstige Gebete zum Himmel emporsendet. Das Thema war in jener Zeit beliebt, und doch zeigt es

Abb. 40. Rudolph von Habsburg vor Basel. Zeichnung.
Verlag der Photographischen Gesellschaft in Berlin.

ausdruckloser erscheint, so lag das wohl mehr an der Persönlichkeit des Dargestellten, dem eben nicht, wie dem großen Diplomaten Karl oder dem feurigen Manne Maximilian, eine besondere Eigenart aufgeprägt war.

Der Entwurf zu dem Bilde „Der Mönch am Sarge Heinrichs IV." (Abb. 47) scheint auch dieser Zeit anzugehören. Vor einer kleinen Kapelle auf einsamer Rheininsel ist der Sarg des im Banne verstorbenen Kaisers aufgestellt. Man blickt in das Innere jenes kleinen Baues hinein. Vom Altar ist das Kreuz herabgerissen und mit einem Schleier ver-

aufs eindringlichste, wie verhängnisvollen Irrtümern die Kunst damals unterlag. Nur wer die geheimen Beziehungen dieses im einsamen Gebete ringenden Mannes, das grausame Schicksal dessen kennt, der hier aufgebahrt liegt, nur wer die symbolische Sprache des verhüllten Kreuzes und der gebrochenen Glocke kennt, der weiß, welche Tragik in dem Vorgange sich verbirgt. Alles das macht in der Erzählung, selbst auf der Bühne, höchste Wirkung, im Bilde aber sehen wir nur einen Mönch neben einem Leichnam betend, und es hätte der ganzen landschaft-

Abb. 47. Selbstporträt Rethels. Bleistiftzeichnung.
Aachen. Städtisches Museum.

Er scheint seine Entwürfe oft bis ins Einzelne erst völlig durchdacht zu haben, ehe er sie zu Papier brachte. Dann aber ändert er in die Regel nur noch im Detail, seltener der Stellung, den Ausdruck, die Zahl der Hauptfiguren. Jeder Entwurf war das Resultat eines intensiven konzentrierten, schöpferischen Ringens, erscheint aber deshalb auch stets abgerundet, meist völlig abgeschlossen.

Lehrreich sind dafür unsere drei Entwürfe zum obigen Bilde. In der Elskizze (Abb. 49) ist zwar in der Anordnung der Architektur, in der Landschaft ꝛc. manches geändert. Die Hauptsache, Sarg und Mönch, bleiben im Wesentlichen unverändert. Übrigens darf man aus der von 1844 datirten Aachener Skizze, die noch den ersten Entwurf wiederholt, schließen,

daß die Elskizze erst nach 1844 entstand.

Neben diesen historischen Aufgaben behandelte Rethel auch einmal ein religiöses Motiv, die Heilung des Lahmen durch Paulus und Johannes an der Pforte des Tempels (Abb. 50). Man möchte, obwohl das Bild 1843, also vor der römischen Reise entstand, annehmen, daß es Nachbildungen der Raffaelschen Tapetenentwürfe gewesen sind, die ihn zu diesem Motiv geführt haben und in der Mischung von Realismus in der Gestalt des Unglücklichen und Idealismus in der Gestalt der Apostel ihm hier vorschwebten. Römische Einflüsse und Typen treten sowohl

lichen Stimmungskunst eines modernen Künstlers bedurft, um diese Geschichtsillustration zu einem aus sich selbst wirkenden Gemälde zu gestalten. Wie fest sich übrigens Rethels Entwürfe seinem Geiste einprägten, ergibt sich daraus, daß er 1844 aus der Erinnerung diesen Entwurf in das oben erwähnte Schillingsche Skizzenbuch mit schnellen Strichen eintrug und ihn dabei bis auf Kleinigkeiten genau wiederholte (Abb. 48). Rethel besaß offenbar ein enormes Formengedächtnis, aus dem sich auch die häufigen Anklänge an ältere Meister in seinen Bildern wohl erklären lassen.

in der Architektur als in der Staffage des
Hintergrundes hervor, und der Ausblick in
den Tempelhof mit seinen vornehmen Bauten
könnte beinahe als das Glücklichste am ganzen Bilde bezeichnet werden. Denn die
Apostel sind nicht viel mehr als sorgfältig ge-
arbeitete Gewandfiguren, und die etwas von
Cornelius beeinflußten drei Männer aus
dem Volke rühren uns ebensowenig, wie der
sich erhebende Krüppel, die Hauptgestalt des
Bildes. Übrigens ist die farbige Ausbildung
besonders frisch und lebendig, als ob auch
die Bekanntschaft vlämischer Kunst ihren Anteil an der Farbengebung hätte. Daß es trotz
vieler Mängel größer und ernster gestaltet
ist, als der Durchschnitt der damaligen bibli-
schen Bilder, braucht nicht erwähnt zu werden.

Im Jahre 1840 erschien in Leipzig bei
Wigand eine Übersetzung des Nibelungen-
liedes von Marbach, zu deren Illustration
Bendemann, Hübner, Stille und zu guter
letzt auch Rethel herangezogen werden. Wer
heute das Werk betrachtet, wird bedauern,
daß Rethel nur am Schlusse zu Worte gekommen ist. Die großen poetischen Gestalten
des machtvollen Liedes zu verkörpern, war
er jedenfalls von allen Mitwirkenden am
meisten berufen. Man vergleiche die zehn
von ihm gegebenen Entwürfe mit denen der
anderen, man sehe, wie er den Kern der
Handlung, das Dramatische des Moments
und die reckenhafte Größe der Kämpfer
ganz anders als seine Mitarbeiter hervor-
zuheben wußte, die ihren süßlichen und gezierten Stil der Düsseldorfer Schule auch vor
dieser großen Aufgabe nicht verhehlen können.
Nur er wußte seine Kompositionen wirklich
dem kräftigen altertümlichen Holzschnittstile
anzupassen, nur er, diese Tritotbeine mit
wirklicher Muskulatur zu füllen und unter
dem Panzer lebende Menschen zu bewegen.
Bei alledem versteht er es, den altertümeln-
den Vortrag älterer deutscher Illustrations-
werke zu bewahren. Kurz, nur er fand einen
dem poetischen Stile analogen künstlerischen
Ausdruck.

Wie an den Fenstern der brennenden
Halle die Helden den schweren Leichnam des
edlen Markgrafen Rüdiger, den sie zu ihrem
Leide im Kampfe erschlagen mußten, mit
Anstrengung emporheben und dem klagenden
Hunnenfürsten vorweisen (Abb. 51)! Wie
altertümlich im Stile ist dann der Blick hin-
über zur Halle des Hunnenpalastes mit den

44 Alfred Rethel.

Abb. 41. Maler: Karl V. Ölgemälde.
Frankfurt, Römer.
Verlag der Photographischen Gesellschaft in Berlin

scheinbar aus einem alten Holzschnitte entnommenen Gestalten des Etzel und der Kriemhilde. Recht Dürerisch ist auch der Holzschnitt, wie „Kriemhilde erschlagen ward" (Abb. 52). Noch steht sie triumphierend über dem Leichnam des Hagen, dem sie eben das Haupt vom Rumpfe getrennt hat, da hebt sich in gewaltigem Zorne Herr Hildebrandt, der es nicht leiden mag, daß ein Weib so gewaltigen Recken erschlägt, und trifft die Fürstin mit wuchtigem Streiche. Das ist im Holzschnitt ganz in der kurzen knappen Form dargestellt, in der das Lied davon berichtet. Es ist der Stil, den Cornelius für solche Werke geschaffen und den hier, ohne des Cornelius Zeichenfehler zu wiederholen, aber mit derselben Größe und Stärke Rethel anwendet.

Wie eine Fortsetzung nimmt sich eine Radierung dieser Zeit aus, die den sterbenden Roland und die zur Schlacht ausziehenden Krieger der Franken darstellt (Abb. 53).

Als Illustrator war Rethel dann nochmals für die Ausgabe von Rottecks Weltgeschichte thätig, deren Illustrationen 1843 von Georg Westermann als „Album historischer Skizzen" für Amerika herausgegeben wurden. Hierfür entwarf er zwischen 1841 und 1844 vierundzwanzig Blätter. Statt des kräftigen Holzschnittes der Nibelungen ist hier leider für die Wiedergabe der Stahlstich verwandt, und wunderlich kontrastiert nun die große Form der Gestalten mit der etwas mageren und in der Schattierung dürftigen und allzu matten Ausführung des Stechers: dadurch bekommen die Kompositionen etwas Hartes, Gipsartiges. Immerhin mochte für Rethel die Forderung, aus der gesamten Weltgeschichte eine Reihe denkwürdiger Scenen in knapper Form wiederzugeben, ihren Reiz und ihren Vorteil haben. Merkwürdig sind namentlich die späteren Blätter, in denen aus der Geschichte des XIX. Jahrhunderts und in den Kostümen dieser Zeit Darstellungen gegeben werden, z. B. aus dem Leben Napoleons (Abb. 59) und aus der Julirevolution. Hier streifen die großen pathetischen Gebärden, wie sie nun einmal die Historienmalerei dieser Periode jedem Menschen als natürlich

und selbstverständlich
andichtete, zuweilen
an das Komische.
Trotz der außeror-
dentlich verkleinerten
Wiedergabe kommt
übrigens das male-
rische Element, das
Rethel hineinzulegen
wußte, doch noch zum
Ausdruck. Nicht sel-
ten weiß er die Scene
auch so abzurunden,
daß sie wie ein Kar-
ton zu einem größeren
Bilde sich ausnimmt.
Nur die Abbildung,
wie Moses den Ägyp-
ter erschlägt (Abb. 54),
ist vielleicht für die
große Form der Dar-
stellung etwas zu genre-
haft. Wir besitzen
aber von Rethel
einen anderen Ent-
wurf über dasselbe
Thema, wie Moses sich
der Unterdrückten sei-
nes Volkes annimmt
(Abb. 55), dem
das Genrehafte völlig
überwunden und He-
roisches erreicht ist.
Da steht Moses, offen-
bar noch von der Er-

Abb. 44. Aktstudie zu Kaiser Karl V. Berlin, Nationalgalerie.

regung der That durchzittert, die Faust
ballend und düster auf den in der Auf-
wallung erschlagenen Fronvogt hinblickend
vor uns. Er schließt erbarmungsvoll in
seine Arme den armen geknechteten Mann
seines Volkes, der sein greises Haupt an der
Brust des Retters birgt und noch wie halb-
mechanisch die Stricke festhält, mit denen er
die schwere Last hatte fortbewegen sollen.
Es ist lehrreich, diesen Entwurf mit dem
aus Rottecks Weltgeschichte zu vergleichen
und zu sehen, wie groß, wie monumental
der Künstler eine solche Aufgabe auszubilden
wußte. Aus gleichem Grunde interessiert
uns der Entwurf für Hannibal (Abb. 57),
dessen Gestalt ihm hier vielleicht zuerst als
eine künstlerisch dankbare auffiel, ferner die
Darstellung der Taufe Wittekinds (Abb. 56),
die er später im Aachener Rathause so viel

monumentaler ausgestalten sollte, während
hier die Figur des in dem Becken knieenden
etwas unglücklich und ungeschickt erscheint.
Noch einmal hat er dann für Cottas Bilderbibel, die 1850 erschien, illustriert, freilich nur wenige Blätter, von denen wir
den Holzschnitt der Hochzeit zu Kana (Abb.
61) und die Zeichnung zur Bekehrung Pauli
(Abb. 60) wiedergeben.

Wenn wir in Rethels Bildern mannig-
fache Einflüsse sich kreuzen sehen, so trug dazu
seine Reiselust wesentlich bei, die ihn mit
den verschiedensten Richtungen und Werken
bekannt machte. Im Frühjahr 1842 unter-
nahm er eine Reise durch Thüringen nach
Sachsen und auf der Rückkehr durch Franken.
Der Brief, in dem er über seine Reise an
seinen Bruder Otto Rethel berichtet, welcher
indessen auch Maler geworden war, gibt

Abb. 45. Kaiſer Maximilian I. Ölgemälde.
Frankfurt, Römer.
(Verlag der Photographiſchen Geſellſchaft in Berlin.)

einen guten Einblick in ſeine Anſchau-
ungen. Der Anblick von Eiſenach und
der Wartburg entzückt ihn, weil es ein
recht deutſches Bild ſei, und in der
That wird einem jeden, der dieſen
ſchönen Erdenwinkel kennt, gerade dieſer
Gedanke beſonders nahe liegen. Er
vergißt, wie er ſagt, dabei, daß es ein
großes modernes Frankreich gibt, das
wie ein langſames Gift alle Gemüt und
Herz erwärmende Nationalität zu ver-
drängen ſucht. Zu Dresden ſucht er
einige Düſſeldorfer Freunde auf und
ſteht dann tief erſchüttert vor Raffaels
Sixtiniſcher Madonna. „Hier ſieht
man, daß Kunſt etwas Höheres iſt als
Hering mit Zwiebel ergreifend wahr zu
malen,“ ruft er mit einer Anſpielung
auf die Düſſeldorfer Stilllebenmaler
aus. Immer wieder kehrt er zur Madonna wie zu einer Offenbarung zurück.
„Ich bin wie trunken.“ Und ſie iſt
ihm die ſchönſte Beſtätigung dafür, daß
Veit ihn auf den rechten Weg gebracht.
Dieſe Anhänglichkeit, dieſe Treue, die
er ſeinem Lehrer Veit bewahrt, iſt rüh-
rend und für uns um ſo wunderbarer,
als heute bei einem Vergleiche beider
Meiſter Rethel als der Größere, als der
Titanenhafte, den ſanften und ſchönen
Veit überragende ſcheint. Aber vielleicht war es gerade die anmutvolle
Schönheit der Veitſchen Bilder, die
Rethel an ſeinen eigenen Arbeiten zuweilen vermißte, während das Gewaltige
und Kühne, aus ſeiner eigenſten Natur
fließend, ihm mühelos in den Bildern
gelang. Die Vielſeitigkeit ſeiner Auf-
faſſungsgabe ſpiegelt ſich in den Urteilen
über die Werke der Dresdener Galerie.
Zwar Raffaels Madonna ſteht ihm weit
über den anderen. Und freilich, dieſes
Werk iſt ſo groß und ſo eigenartig,
daß es unter den Künſtlern verſchie-
denſter Richtung immer noch jedem etwas zu ſagen haben würde. Konnten
die ſanften Nazarener den ſchönen ade-
ligen Linienzug hier bewundern, ſo
erbaute ſich wohl Rethels Auge mehr
an der Kraft und an der Erhabenheit
der Geſtalt, an dem, was an Natur-
beobachtung hier hervorleuchtete. Es
iſt das Eigentümliche ganz großer Werke,
daß ſie vielen und verſchiedenen immer

etwas bieten, und eine mit so großen, ruhigen und Schönheit empfindenden Augen
gesehene Natur, wie sie in Rassaels Madonna vor uns steht, gehört zu diesen ganz
großen Werken unbedingt. Ganz konsequent
lehnt Rethel den Correggio ab, was um so
erklärlicher, als damals in der Dresdener
Galerie so manches noch Correggio hieß,
was längst von der Kritik anderen Mei-
stern seitdem gegeben wurde. Auf diese
Arbeiten gerade bezieht sich wohl Rethels
Behauptung, Correggio sei seiner Individualität nicht treu geblieben und der Manier verfallen. Seltsamerweise glaubt er
den Grund dieser Verirrung des Malers
in dem Einflusse unberufener und dumm-
gelehrter Kunstschwätzer sehen zu dürfen.
Er sagt nicht, wie er zu diesem Urteile
kommt, aber wir sehen, daß in seinem
Herzen bereits ein Groll gegen Kunstkritik
herrschte; er sollte sie bald noch von viel
schlimmerer Seite kennen lernen. Un-
gerecht war er nicht in diesem Hasse, denn
Passavant wird von ihm gelegentlich in
einem Briefe als in seinem Urteile für
ihn maßgebend genannt; freilich damals,
als er ein Lob von demselben erwarten
durfte. Und im Grunde bleiben Künstler
als sensitive und reizbare Naturen sich
immer darin gleich, daß sie nur die Kunstkritik berechtigt finden, die ihnen günstig
lautet.

    Begeistert schildert dann Rethel das
malerische Können der Venezianer, ebenso
ihre Zeichnung und Komposition. „Ich
wollte den stillfrommen und duldenden
Thränenkünstlern, die da meinen, ein gen
Himmel geschlagenes Auge und eine recht
einfältige Silhouette der Figur sei der Ab-
druck eines echt christlichen, demütigen
Künstlergemütes, die Anbetung der Könige
von Paolo Veronese vorführen. Wenn dieses Hurra, dieser Triumph der Farbe nicht
das Blut in ihre blau gewordenen Finger
zurückführen würde, dann sollte man sie
dörren und als kopflose Fastenfische einem
Dominikanerkloster zuschicken." Sicherlich
sah Rethel nach Düsseldorf hinüber, als
er diese Worte schrieb. Gegen die Düsseldorfer Schulmeisterei richtet sich auch sein
Ausspruch über Tizian, daß dieser Meister
kein „System" gehabt habe, sondern überall
ein Sichgehenlassen, ein glühendes Verlangen, sein Seelenbild, d. h. seine indivi-

Abb. 16. Kaiser Maximilian II. Ölgemälde.
Frankfurt, Römer.
Verlag der Photographischen Gesellschaft in Berlin.

duelle Vorstellung von der Erscheinung der Dinge, auf die Leinwand zu bannen. Gerade die Düsseldorfer hatten ja unter Schadows Führung das sogenannte venezianische Kolorit in ihrer Schule eingebürgert, das aber mit Venedig nichts gemein hatte, sondern in einer Untermalung grau in grau mit nachfolgendem buntfarbigen Lasieren bestand und gegen Tizians, den unmittelbaren Eindruck der Farbe mit Feuer hinbannende Empfindung seltsam kontrastierte.

ihn über Bamberg und Nürnberg führte; aber daß er von dem echt deutschen Eindruck dieser Städte entzückt sein mußte, dürfen wir aus früheren Briefen glauben.

Mit Eifer nimmt er dann in Frankfurt seine Arbeiten wieder auf. Es hatte

Abb. 47. Mönch am Sarge Heinrichs IV. Bleistiftzeichnung.
(Verlag der Photographischen Gesellschaft in Berlin.)

dern in einer Untermalung grau in grau mit nachfolgendem buntfarbigen Lasieren bestand und gegen Tizians, den unmittelbaren Eindruck der Farbe mit Feuer hinbannende Empfindung seltsam kontrastierte.

Unter den Deutschen imponiert ihm Holbeins Madonna des Bürgermeisters Meyer als echt vaterländisch; unter den Niederländern van Dyck, weniger Rubens. Rembrandt dagegen erwähnt er nicht. Leider fehlt der Bericht über seine Rückreise, die

sich für ihn eine angenehme Geselligkeit gefunden, vor allem aber ein Kreis mitschaffender Genossen, der ihm die Freude am Schaffen erhöhte. Nachstehender Brief gibt über diesen Künstlerkreis einige Mitteilungen und verdient auch deshalb besondere Beachtung, weil Rethel darin an seinen Bruder Otto sehr interessante Mitteilungen über seine Schaffensmethode dieser Jahre gibt. Der Brief ist undatiert, aber aus einer Bemerkung am Schluße über den vor etwa vierzehn Tagen erfolgten Tod Bastie-s ergibt sich, daß er kurz nach dem 28. Januar 1844 geschrieben sein muß.

Lieber Otto!

Dir sei jetzt einmal meine zweijährige Feder entstaubt, zugespitzt, mit galligem Schwarz und heiterem Kunstgeschwätz gefüllt, dediciert. Du hast Recht, wenn Du in Deinen letzten Zeilen über Mangel gegenseitiger Mitteilung, insbesondere über Kunst, gründliches Erkennen der vergangenen, großen Kunstwelt und ihrer Werke vereint mit einem gewissenhaften Studium der Geschichte und der Litteratur sich anzueignen sucht, ferner ein entschieden fester Charakter, Ausdauer und Geduld, ein frisches und heiteres Leben in unserer gerade nicht sehr künstlerisch erhebenden Mitwelt, mit Beibehaltung eines klaren und prüfenden Auges, welches einen allzu bedeutenden Einfluß des nicht sehr com

Abb. 18. Mönch am Sarge Heinrichs IV. Zeichnung. Aachener Skizzenbuch. Städtisches Museum.

zwischen uns klagt. Jedoch ist es, bei der dürftigen Art der Mitteilung eine delicate und schwierige Sache, die Erfahrung und Betrachtung eines längeren Kunsttreibens gerade so, wie sie sich im innersten Gefühl eingeprägt haben, mit Worten, klar und deutlich wiederzugeben. Es giebt manches, was uns selbst unbewußt eigen ist, was wir ahnen, aber nicht im stande sind, näher zu motivieren; dagegen giebt es entschieden Garantien für eine gute Kunstrichtung, welche zugleich die edle Perle der Individualität unbeschadet und frei sich entwickeln läßt. Ich meine, ein durch Religion befestigter, ernster Wille — ein Streben, welches ein

petenten Kunstrichtertums unserer Zeit warnend uns vor die Seele führt. — Diese Punkte, lieber Otto, gehören zu unserer Aufgabe, die mit Treue und Demut zu lösen unsere Pflicht als Künstler ist — für das übrige wollen wir getrost den Himmel sorgen lassen, welcher gewiß jene Mühen und Sorgen durch ein würdiges Resultat belohnen wird.

Ich spreche nicht mit einer zu großen Wichtigkeit von der Kunst. Nein, wahrlich, sie ist nicht bloß zur Unterhaltung oder ästhetischen Bildung oder gar als Luxusartikel in die Welt gesetzt, nein, sie gehört unmittelbar zum nächsten Gefolge der christlichen Religion, sie ist ein Herold im prachtvollsten

Gewand, welcher das Lob des Himmels und seiner Gnade nicht nur verkündigen, sondern auch befestigen soll; es ist dieses in allen Feldern der Kunst möglich, nicht will ich hier ein Monopol der Historienmalerei aussprechen, mich haben in dieser Hinsicht Landschaften wie Scenen aus dem gewöhnlichen

schaden und zweitens setzt man sich der Unannehmlichkeit aus, enttäuscht zu werden. Wohl, also Klugheit und Vernunft auch dabei — es geht ganz gut — so habe ich bis jetzt meinen Kunstweg verfolgt, von meiner Richtung um kein Haar abgewichen und nebenbei aber auch meinen Vorteil nicht

Abb. 19. Mönch am Sarge Heinrichs IV. Skizze. Besitzer: Carl Sohn. Düsseldorf.

Leben ebenso ergriffen. Es kommt hier auf den Ton, auf das Grundgesetz an, von wo ausgegangen wird. Wer in dem Stück Brot nur den Magenstopfel erkennt, der wird bedauern, in seinem Viehstück nicht auch den Stalldreckgeruch mit hineinmalen zu können. Dies, Otto, sind und bleiben meine Ansichten, vielleicht für das materielle Sein hier auf Erden etwas zu schwärmerisch, man soll sich ja nicht aufregen und nach idealen Zielen streben — erstens könnte es dem Körper

außer Acht gelassen. Ich befinde mich dabei ganz wohl und den Genuß, den mir die Kunst bereits verschaffte, von dem andere (ich will es gern glauben) sich keinen Begriff zu machen im stande sind, wiegt kein Glück stern der sogenannten modernen Welt auf. Nur habe ich den innigen Wunsch, daß anderen und namentlich Dir, lieber Otto, dasselbe Glück zu teil werde — Deine persönlichen Eigenschaften sowie Dein bisheriges Auftreten in der Kunst leisten eine sichere

Bürgschaft, daß mein Wunsch in Erfüllung gehen werde. Was Dein Lehrer und Dein eigenes Ich an Deiner Bildung im Rohen anlegen, das wird, verlasse Dich darauf, die Erfahrung entweder auf stürmisch herbe oder allmähliche und sanfte Art zu Deinem Kunstwohl zuteilen — so wie mir — ich hätte mehr ein entschiedenes Beibehalten und Wiedergeben des ersten Ergusses in meinen Bildern — ich arbeite an einem Kopf z. B. drei bis viermal wie mir es augenblicklich klar und deutlich zu sein scheint — es ist dieses nicht ein förmliches Übermalen, sondern vielmehr oft nur mit wenigen Strichen,

Abb. 50. Petrus und Johannes heilen den Lahmen. Ölgemälde. Leipzig. Städtisches Museum.

ihr manchmal als Erwiederung den Kopf einschlagen mögen, doch beruhigt, vergaß ich nie wieder die Stelle und Ursache, wo von ihr ich durchgebläut wurde und das zu meinem Wohl. Was nun mein Kunstwirken seit Deinem letzten Hiersein und namentlich seit diesem Winter betrifft, so kann ich wohl sagen, daß ich nun einen Schritt wieder weiter gekommen bin — ich nehme es jetzt ungemein strenge, weniger was die vollendete Ausführung des Detail angeht, als wie viel- ein belebendes Skizzieren und wieder Zurückführen auf meine erste Empfindung. Daß der Kopf so fertig zu nennen sei, ist nicht der Fall, allein habe ich in geistiger Frische den Kopf in Lebensgröße so auf der Leinwand, so ist nachher mit Leichtigkeit die Ausführung der Einzelheiten mit fester Beibehaltung des guten Fundamentes hinzuzufügen. Es gibt bei der Aus- und Durchführung eines Bildes vier Stadien, welche durchzumachen sind — bei den Studien,

Wie der Martzgraf Rüdiger
erschlagen ward

Abb 51. Illustration zum Nibelungenlied. Holzschnitt.

Karton, Farbenstizze und der Untermalung des Bildes hilft eine geistige Frische und Neuheit des Gegenstandes bedeutend, das Werk rasch bis zu einem gewissen Punkte zu bringen, bei der Übermalung fehlen in der Regel jene beiden Hülfen und bei dem Erkennen, wie weit das Werk noch zurück ist und oft von dem ursprünglichen Geist sich entfernt hat, tritt schon ein peinliches Schwanken und Probieren ein, und nur der Verstand und ein gewisses Pflichtgefühl lassen auch diesen Prozeß durchführen. Nun tritt der dritte Fall ein, oft der unglückseligste, den man sich denken kann, auf jeden Fall aber der wichtigste. Das Werk ist zu einer gewissen Vollendung in der Form und Farbe gelangt, aber man frägt sich ängstlich: führt das auf deine erste Idee hinaus? Ist dieses Bild, mit einer Übergebung und Läuterung fertig gemacht, dasjenige was du malen wolltest? Die Urteile der Unbefangenen erwähnen stets der

Nebensachen, der Malerei hie und da. Man sieht es ihnen aber deutlich an, daß das gesamte Werk, der Totaleindruck, sie gar nicht packt, ja eher leer läßt. Ach, das sind traurige Momente, man fühlt, daß über dem Studium der echt künstlerische Funke fast erloschen, daß es ein nüchternes Rechenexempel geworden ist, aber nicht weiß man, wo und wie dem Übel abzuhelfen. Es tritt der traurige Moment der Stumpfheit, der Dummheit ein, man ist vernagelt. Dann soll man soviel Herr seiner selbst sein, die Palette hinzulegen, ja Nichts zu unternehmen und das Bild längere Zeit umgedreht an die Wand zu stellen. Wenn nun auch andere Arbeiten vorgenommen werden, der Sinn bleibt doch unbewußt bei dem mißratenen Kinde, und man verarbeitet es allmählich ganz ohne Absicht von selbst mit seiner ersten Idee. Man söhnt sich allmählich mit dem Bilde, welches nun der Erinnerung angehört, langsam aus, findet es

doch so übel nicht, bekommt
Lust, brennt vor Verlan-
gen es fertig zu malen
geht hin, dreht es um
stellt es auf die Staffelei
und nun wird man frei-
lich etwas unsanft aus
seinen Himmeln in die
Wirklichkeit versetzt, es ist
noch das alte — allein mit
ganz anderen Augen sieht
man es, wie der Blitz
fähet prüfend und ver-
gleichend der echte Künst-
lersinn, begleitet von einem
warmen Gefühl und si-
cher Phantasie, über das
Werk. Sie erkennt, wo
es fehlt, greift zur Palette
und jeder Strich sitzt. Freilich leidet durch das Feuer
die delicate, aber kalte Ausführung hie und da, das
ist aber kein Verlust im
Vergleich zu diesem herz-
erfreuenden Gewinn. Man
möchte überall zugleich sein,
überall helfen, und, es tritt
das vierte Stadium herr-
lich und belohnend wie ein
Finale ein, und erfreuend
ist dann unser Tagewerk
zu nennen, sobald man
nur wieder klar und sich

Abb. 52. Illustration zum Nibelungenlied. Holzschnitt.

bewußt geworden ist, weiß, was man
will, dann kann man sich getrost zuletzt die
Zügel etwas schießen lassen, daß man Böcke
macht, große Nachlässigkeiten mit unterlaufen
läßt, dafür bürgt der deutsche Charakter,
das wird nicht der Hauptfehler sein, eher
eine zu nüchterne Durchführung der Einzelheiten. Diese Beobachtungen habe ich so
recht jetzt bei meinem großen Bilde „Petrus rc."
(d. h. Petrus und Johannes an der Pforte
des Tempels) gemacht, und ich glaube, daß,
wenn nächstens ich dasselbe wieder vornehme, der vierte und freudige Fall sich ein-
stellen wird. Mittlerweile habe ich das Bild
für den Schönborn unter Händen, welches
mir viel Freude macht, indem es rasch voran geht, denn in diesen Tagen werde ich
mit einer schon ziemlich weiten Untermalung
fertig. Zudem kommt es, daß es eine sehr
günstige Größe hat — auch, lieber Otto,

eine höchst wichtige Sache, die von vorn-
herein einem Bilde den Stab brechen kann.

Mit meinen Hannibalskompositionen geht
es sehr langsam, ich bin an der sechsten
und letzten Zeichnung. Einesteils sind meine
übrigen Arbeiten für den Kompositionsverein,
andernteils die Schwierigkeit und Größe der
Arbeiten selbst Schuld daran. Unser Kompositionsverein ist diesen Winter sehr interessant und behaglich. Er geht nach der
Reihe um — bei Veit, Steinle, Jlle und
mir — alle drei Wochen muß eine Aufgabe
gelöst sein, und wird alsdann eine andere
aufgegeben. Die Aufgabe besteht allemal in
einer allgemeinen Handlung, z. B. ein Akt
der Demut. Jedem ist ganz freigegeben,
sich die Lösung in welchem Felde er will zu
holen. Du kannst denken, wie vielseitig und
überraschend das Resultat ist. Es sind prächtige Arbeiten bis jetzt eingereicht und selten

ward eine Zeichnung als nicht der Aufgabe gemäß gerügt. Wir kommen alle Woche Dienstag Abend zusammen und es gibt je-

deren. Steinle arbeitet an seinen Kölner Kartons, welche mir, unter uns gesagt, aber nicht ganz behagen wollen. Dagegen beginnt

Abb. 53. Der sterbende Roland. Radierung

desmal das eine oder andere Interessante zu sehen, oder zu lesen, oder zu besprechen. Seit vollendet eben seinen Otto I., welcher superb wird, ein Totschläger für die au-

er jetzt sein großes Ölbild, Salomos Urteil, für den hiesigen Römer bestimmt, welches ausgezeichnet schön zu werden verspricht. Jlle vollendet jetzt seine Madonna mit dem

Kinde, welches ihm alle Ehre macht. Ballen-
berg macht fortwährend kleine, allerliebste
Sachen, seine Kunst kommt sehr in die Mode,
alles will von ihm Bildchen haben, vom
Metzgermeister bis zum Diplomaten. Gri-
manz und Jung zeichnen viel und schön,
malen aber wenig, welches nicht gut ist.
Mit einem Wort in unserem großen ge-
räumigen Atelier ist der Ofen und der
Künstler durch und durch warm und thätig.
Vom Institut hören und sehen wir wenig,
verlieren daher auch nicht viel. Dagegen
die Galerie und Ausstellung besuchen wir
vor wie nach und gewährt uns manchen
Genuß. In diesem Augenblick sind schöne
Münchener Bilder von den besten Namen
angekommen. Lessing ließ sich diesen Winter
auch wieder einmal hier sehen. Die böse
Welt sagte, er spekuliere auf die hiesige Di-
rektorstelle. In der That aber hat er in
nahen Waldungen Böcke geschossen. Noch
ein anderer Künstler soll sich um diesen
wurmstichigen Institutsapfel bewerben, auf
jeden Fall aber im nächsten Frühjahr mit
Sack und Pack herkommen — nämlich
Schwind aus Karlsruhe, früher in München, ein saugrober Mensch, aber tüchtiger
Künstler. Ich glaube, daß das jetzige Lehrer-
personal unter sich einig ist, und keinen
gefährlichen Matador an der Spitze des
Ganzen gerne sieht. Dies von meiner und
der hiesigen Kunst, lieber Otto.

.... Dein Bruder
Alfred Rethel.

Im Herbst des Jahres 1842 empfing
er die erste Anregung zu einem seiner Haupt-
werke, zum Hannibalszuge. Der äußere
Anlaß dazu war ein ganz prosaischer Schnup-
fen, der ihn mehrere Tage aus Haus fesselte und zum Zeichnen und Komponieren
Muße bot. Übrigens hatte er ja 1841 für
Rottecks Weltgeschichte eine Scene aus diesem
Zuge schon komponiert (Abb. 56). Vielleicht
daß er damals, nachdem Dr. Hechtel ihn auf
den Bericht des Livius über Hannibals Unternehmen hingewiesen hatte, allmählich den
Plan in sich reifen ließ, den Verlauf dieser
großartigen und phantastischen Unternehmung
darzustellen. Wie es in jener kompositions-
freudigen Zeit üblich, stellte er in einem
Cyklus von sieben Aquarellen die Haupt-
momente des Unternehmens dar. Die sie-
bente schied er selbst später als überflüssig aus.

Abb. 54. Moses erschlägt den Ägypter.
(Aus: Rotteck, Weltgeschichte.)

Es ist ein Verdienst der Gesellschaft für
vervielfältigende Kunst in Wien, dieses mächtige Werk weithin bekannt gemacht zu haben.
Sie gab in vortrefflichen Holzschnitten von
Bürkner die sechs Blätter heraus und Bürkner war, wenn er auch hier und da ein
wenig die eckige Form im Geschmack der
Zeit gemildert hat, doch der richtige Mann,
um in die Formen des strengen Linienholz-
schnittes diese kartonmäßigen und doch farbig empfundenen Zeichnungen zu übertragen.
Leider scheint der Holzschneider H. Finke
nicht ganz den Intentionen des Zeichners
Bürkner gerecht geworden zu sein, da er
allzu häufig, namentlich in den Köpfen, in
eine etwas kleinliche Manier verfällt. Aber
auch so bleibt diese Holzschnittübertragung
ein dankenswertes Unternehmen, da es mit
am meisten zur Popularisierung Rethels
beigetragen hat. Unsere Aufnahmen sind
nach Rethels Originalentwürfen hergestellt,
die mit einem großen Teil des Nachlasses
in den Besitz des Dresdener Museums über-
gegangen sind, dessen Leitung Geschmack und
Klugheit genug besaß, sich diese wertvollen
Schätze zu sichern. Übrigens waren sie schon
länger bekannt, da die Berliner photographi-

Abb. 55. Moſes nimmt ſich der Unterdrückten ſeines Volkes an.

das ewige Eis Män-
ner und Tiere des
Südens hindurch-
ziehen zu laſſen, das
war es, was ihm
die Aufgabe zunächſt
dankenswert erſchei-
nen ließ. Damit
erhebt er ſich über
die behagliche Hiſto-
rienmalerei ſeiner
Zeitgenoſſen, daß er
nicht nur ſcheinbe-
wegte Muskelmän-
ner in heroiſchen
Gebärden vor ſeinem
geiſtigen Auge ſah,
als er des Livius
Bericht las, ſondern
daß ihn der male-
riſche Effekt oder ſa-
gen wir der künſt-
leriſche Effekt, der
Gegenſatz zwiſchen
Menſchen und Na-
tur, zwiſchen Süd
und Nord vor allem
ergriff. Und wie
viele ſind durch die
Alpen gewandert,
durch das wilde
Reußthal gezogen,
ohne viel mehr zu
empfinden als einen
ſchnell vorübergehen-
den Schauer beim
Blicke in dieſe
Schlünde und Tie-
fen! Aber Rethel ſah
die Schrecken des
Gebirges lebendig, wie ſie Böcklin lebendig
geſehen hat.

Nicht minder muß man die kraftvolle,
wahrhaft dichteriſche Gliederung des Werkes,
die Anordnung in ſechs Akten bewundern,
in denen alles erſchöpft wird, was über
dieſen Zug ſich ſagen ließ. Echt episch iſt
das erſte einführende Bild. An der Muräne
eines wohl im heißen Sommer ſtark ge-
ſchmolzenen Gletſchers ſehen wir Gebirgsbewohner jener Zeit. Aus dem ſchmelzenden
Eiſe ragen ungeheure Knochen, Elefanten-
ſchädel, mächtige Sturmböcke mit Widderkopf.
Erſtaunt haben die Jünglinge die ſeltſamen

ſche Geſellſchaft zweiundachtzig Originalzeich-
nungen Rethels in Photographien herausgegeben hat, die für die Kenntnis des Meiſters
unentbehrlich erſcheinen und auch vielen
unſerer Illuſtrationen zu Grunde liegen.

Den tiefen Eindruck, den die erhabene
und oft ſchaurige Alpennatur ſchon früher
auf Rethel gemacht hat, können wir aus
ſeinen Reiſebeſchreibungen erkennen. In
dieſe wilde Natur das Heer der nubiſchen
Männer hineinzuverſetzen, ſie mit den Berg-
bewohnern in Kontraſt zu ſtellen, ihren
Kampf mit der urgewaltigen Natur und
den rauhen Männern zu ſchildern, durch

Überbleibsel betrachtet. Wie Wanderer aus-
ruhend haben sie sich auf Felsblöcke niedergelassen. Mit ihnen kommen ein paar alte
Hirten im Wolfsfelle, Greise, die noch die
Erinnerung an jenen seltsamen Zug bewahrten und die nun hier in der erstarrten
Eislandschaft den Jüngeren berichten von
dem, was sie einst schaudernd miterlebt.
Der Eindruck ihrer Erzählung spiegelt sich
in den Zügen der Jüngeren in Staunen
und Schrecken.

Das nächste Blatt zeigt uns den heran-
nahenden Zug der Afrikaner. Durch die
wilden Wasser der Druentia, die Baum-
stämme und Blöcke mit sich reißt, setzt die
Vorhut des Heeres. Drohend, aber auch spött-
lich begleitet sie der Blick der Uferbewohner.
Im Vordergrunde ein altes hexenmäßiges
Weib, die neben sich ein paar Rüben hat,
um die kärgliche Nahrung der Gebirgsbewohner anzudeuten. Weiterhin fliehende Wei-
ber des Gebirgsvolkes. Durch das Wasser
waten die Krieger, stampfen die Rosse und
Elefanten und voll Staunen schweift ihr
Blick hinüber zu den von Wolken umhüllten
eisigen Gipfeln. Rethel hat diese personi-
fizierend zur Gestalt eines riesigen Berggottes
ausgebildet, der drohend und abweisend auf

Abb. 57. Hannibal. Aus: Rethel, Weltgeschichte.

die Fremdlinge hinblickt. Und fürchterlich
empfängt sie das Gebirge. Durch einen
Engpaß ziehen die Gepanzerten, von der
Höhe wälzen die Hirten Steine und Baum-
stämme auf sie herab, machen die Pferde
scheu, so daß sie in den Abgrund taumeln,
und entziehen sich dem Angriffe durch einen
kühnen Sprung über die gähnende Tiefe.
Wolfshunde fletschen die Zähne gegen die
schwarzen Männer. Wild und zackig ragt
das Gebirge um den tief eingeschnittenen
Hohlweg. Es ist der Beginn des Kampfes
mit unüberwindlichen Mächten, dem hier und
dort von Steinen und Speeren getroffen die
Fremdlinge zum Opfer fallen, die mühsam
Höhe um Höhe erklimmen (Abb. 62).

Eine großartige Scene entrollt uns das
nächste Bild. Die Region der Bäume, der
Felsen und wilden Männer haben die Krieger hinter sich, in die Regionen des ewigen
Eises treten sie ein. Zwischen gähnenden
Felswänden wird der Übergang über den
Gletscher gewonnen. An der Spitze des
Zuges schreiten ein paar Gebirgsbewohner
als Führer. Man sieht sie hinaustreten
auf das weit bis zur Höhe sich hinziehen-
sende Eisfeld, ihnen nach windet sich der

Abb. 56. Wittekind. Aus: Rethel, Weltgeschichte.

Abb. 58. Maria Theresia.
(Aus: Rotteck, Weltgeschichte.)

lange Heerzug. Durch die phantastisch sich
aufstürmenden Eishöhlen und Portale schreiten riesige Elefanten. In Tücher gehüllt
und vor Frost bebend, mit Stangen und
Speeren sich mühsam auf der glatten Fläche
vorwärts tastend, kommen die gepanzerten
Männer. Verunglückte Genossen führen sie
auf Bahren mit sich, um sie zu heilen oder
in wärmeren Gefilden in die Erde zu bestatten. Im Vordergrunde sind ein paar
Nubier von Kälte und Ermattung überwältigt
zusammengebrochen, in stumpfer Verzweiflung dem Erfrieren in der Eisöde überlassen.
Ganz vorn sind einige durch die dünne Eis-
decke einer Gletscherspalte in die Tiefe hinab-
gebrochen (ein aus Blatt 7 entnommenes
Motiv). Man sieht noch einen Mantel,
der beim Absturz hängen blieb, noch die in
Verzweiflung an dem Eisblocke festgekrallten
Hände eines Abgestürzten und mit Entsetzen,
ratlos, unkundig wie hier zu helfen, blicken
die Genossen dem Verunglückten nach oder
schreiten scheu nach ihnen hinblickend angstvoll
weiter. Das Durcharbeiten des Zuges aus
der Tiefe her zwischen den Eisblöcken zur blen-
dend weißen, kalten Höhe hinauf ist mit außerordentlichem Glück und größter Empfindung
für das Tragische der Situation gegeben.

Das ganze Elend und alle die Schauer
dieses Schreckensweges läßt uns mit einem
Blicke aber das fünfte Blatt umspannen.
Da sind mit einer jener Eisbrücken Tiere und
Menschen zusammengebrochen und die Glet-
scherwand hinabsausend ins Thal geschleudert
(Abb. 63). Unter ihrer Last ist eine Kiefer
zerschmettert und zwischen Eisblöcken, Ästen
und Felsen liegen sie da, mit zerschmetterten
Gliedern, oder aufgespießt auf die gebrochenen
Zweige. Zu unterst liegt ein Elefant, darüber Pferdekadaver, darunter und darüber
Gewappnete. Unter ihnen einer noch mit
dem Tode kämpfend, aber fest geklemmt unter
den Leibern der Tiere. Geier haben sich
raubgierig zu ihnen niedergelassen, Wölfe
umkreisen die Beute. Diese Scene im einsamen Thale des Todes, dieses hilflose
Enden, überwältigt von der zürnenden Natur,
dieses ruhmlose und fürchterliche Grab, das
die afrikanischen Helden finden, ist mit gewal-
tiger Phantasie, mit höchster Steigerung des
Schrecklichen und doch fast ohne Übertreibung
so geschildert, daß es als eine ganz einzige
und eigenartige Schöpfung bewundert werden
muß. Es ist die letzte fürchterlichste Steigerung dessen, was an Gefahren, Entbehrungen
und Leiden uns vom Zuge berichtet wurde.

Abb. 59. Napoleon. (Aus: Rotteck, Weltgeschichte.)

Aber mit der Geschicklichkeit eines bühnenkundigen Mannes gibt Rethel dann im sechsten und letzten Bilde den versöhnenden Abschluß (Abb. 64). Wer jemals über die Alpen fahrend oder gar wandernd den ersten Blick in die herrliche Poebene genossen hat, diesen wundervollen, erschütternden Kontrast zwischen starrer Öde und lockendem Gefilde, zwischen furchtbaren Bergen und leuchtendem blauen Seespiegel, der wird verstehen, wie

Das Leid ist beendet, und wie eine Verheißung des Sieges liegt fern das Tiefland, über dem ein paar Adler siegverkündend vor dem Heereszuge zur Tiefe schweben. Es ist schwer, vor diesem großartigen und glücklich gewählten Schlußbilde in Prosaworten zu sprechen, da doch das Bild wie ein Triumphlied sich darstellt.

Rethels Biograph und Freund Müller von Königswinter findet die Entwürfe zum

Abb. 60. Hauli Belehrung. Zeichnung. Besitzer: Carl Sohn. Düsseldorf.

Rethel, die Situation etwas zusammendrängend, es hier so darstellen konnte, daß unmittelbar aus dem wilden Gebirge heraustretend der Blick auf Italiens Gefilde den Kriegern sich darbietet. Im Vordergrunde blasen ein paar Nubier auf phantastisch gebildeten Hörnern Siegesfanfaren. Auf weit vortretender Platte steht kühn und stolz Hannibal, der siegreich die Natur überwunden und seinen erstaunten Völkern den Preis des Mühens, das herrliche Italien, weist. Aus der Tiefe empor ringen sich die Männer, durch die Klüfte hindurch winden sich die letzten dem Heere gebliebenen Elefanten; die Banner wehen, die Krieger drängen, die Hörner blasen.

Teil krankhaft überreizt, aber echt germanisch grauenvoll. Der erste Teil dieses Urteils erklärt, warum Rethel in einer dem Zarten und Empfindsamen geneigten Zeit, in der Ruhe erste Bürgerpflicht war, nicht jenen Eindruck auf die Zeitgenossen machte, den er doch heute noch auf uns hervorruft, die wir an die realistische Ausführung dieser Entwürfe wohl manche Forderung knüpfen möchten, aber dem großen dramatischen Geiste der darin lebt, höchste Bewunderung spenden. In der That, recht germanisch grauenvoll waren diese Entwürfe, aber eben die Aufgabe bedingt das, und niemals hat Rethel die Absicht gehabt, diesen Todeszug, der das halbe Heer vernichtete, als einen bequemen Spaziergang durch schöne Alpenlandschaft darzustellen. Daß er diese Schrecken nicht leise symbolisch andeutet, sondern mit unmittelbarer Anschaulichkeit vor uns entrollet, das gibt ihnen ja heute den ungeheuren Wert. Mögen auch vielleicht, z. B. auf Blatt 2 die alte Hexe mit den Rüben und und anderes etwas kleinliches und episodisches Beiwerk aus litterarischem Empfinden heraus geboren sein, so ist doch von Blatt 3

bietet. Nicht kühler historischer Bericht, nicht theatralische Heldenpose, sondern kolossales Leben und furchtbarer Tod werden hier entrollt.

Ein friedliches kleines Blatt ist dagegen der Entwurf zu einem dreiteiligen Altarbilde aus dem Jahre 1843 (Abb. 65). Wäre es nicht signiert und datiert und wäre nicht der Elefant auf der Anbetung der Könige ein stiller Mahner an den Hannibalszug, so würde man kaum glauben, daß der gewaltige Rethel

Abb. 61. Hochzeit zu Cana. Holzschnitt zu Cottas Bilderbibel.

an gegenüber der Großartigkeit der Empfindung all dies Kleinliche geschwunden und nur in wenigen Figuren wird der mächtige lebensvolle Inhalt dieser Wagefahrt geschildert. Begonnen ward der Cyklus 1842 in Frankfurt. Herbst 1844 war er vollendet, aber auf der ersten römischen Reise begleiteten ihn die Entwürfe, und er arbeitete an denselben weiter. Wie durch eine grundlose Kritik Kaulbachs der Künstler veranlaßt wurde, die Gestalt des Hannibal auf dem letzten Blatte zu zerstören, wird weiterhin zu erörtern sein.

Der Hannibalszug war das erste große und reife Werk, das Rethel frei und unabhängig und ganz sich selbst gebend uns dar-

der Schöpfer dieses fast nazarenisch anmutenden Bildes ist, das in der Mitte die Anbetung des Kindes durch die heiligen Eltern, links die Gaben darbringenden Könige, rechts die anbetenden Hirten enthält. Für wen mag Rethel diese zarte Schöpfung geplant haben?

Im folgenden Jahre fertigt er, wohl auf Bestellung eines Fräulein Gontard in Frankfurt, einen Entwurf oder vielmehr eine sorgfältig durchgeführte Sepiazeichnung, die den Tod des Kaisers Friedrich Barbarossa im Kalykadnos darstellte (Abb. 66). Die Dame hatte offenbar etwas Großes und Bedeutendes aus der Glanzperiode der deutschen Kaiserzeit gewünscht, und so führte Rethel dieses Projekt

Abb. 62. Hannibalszug: Die Marthager in einem Engpaffe. Annarelli.

Abb. 61. Hannibalszug: Sturz durch das Eis in einen Abgrund. Spanni

Abb. 61. Hannibalszug: Hannibal zeigt seinen Kriegern Italien. Ausgabe.

ür sie aus, das bedeutend genug erschien, um vom Rheinischen Kunstverein 1849, ge- stochen von Keller, als Vietenblatt den Mit- gliedern dargeboten zu werden. So ist es bekannt geworden und findet sich heute vielfach in rheinischen Familien. So tragisch der Untergang des großen Kaisers im fernen Orient auf uns Deutsche wirkt, so wenig kommt von dieser Wirkung im Bilde zum Vorschein. Man mag es betrachten, wie man will, es bleibt schließlich die Rettung eines Ertrun- kenen. Ob er nun eine zackige Königskrone das Steuerruder führt. Des Kaisers Sohn und der Bischof von Regensburg, die oben am Ufer erschrocken stehen, sind verhältnismäßig ruhig und nicht zu ausdrucksvoll. Obwohl Rethel, wie er in einem Briefe ausdrücklich sagt, durch eine Fächerpalme den Orient auf dem Bilde hat andeuten wollen, so haben wir doch das Empfinden, als sei diese eine andeutende Fächerpalme mehr Kulisse oder theatralischer Aufputz als Natur. Daß Re- thel seine große Gestaltungskraft auch in diesen Figuren offenbart, ist selbstverständlich,

Abb. 63. Anbetung der Könige und Hirten. Zeichnung. Frankfurt a. M., Städtisches Institut.

trägt oder im Bettlergewande herausgezogen wird, der unbefangene Beschauer wird die gleiche Empfindung doch haben. Wie so etwas erschütternd gegeben werden kann, das sehe man in Klingers opus IX, obgleich dort nicht der Kalydaquos, sondern nur die Spree den Hintergrund abgibt. Sieht man es aber bei Rethel, wo, dem großen Stoffe angemessen die Rettung von den Beteiligten mit großen und tragischen Gebärden vollzogen wird, die weniger natürlich als bedeutend sein sollen, so wird das Undankbare des The- mas dadurch nur erhöht. Eindruck macht eigentlich nur die Gestalt des muhammedani- schen Fährmannes, der mit scheuem Blicke, im Hintergrunde des Schiffes zusammengekauert, das Thema selbst aber ist unglücklich genug für einen Maler. Im selben Jahre, im Herbst 1844, tritt er endlich die längst ersehnte Reise nach Rom an, die damals das notwendige Re- quisit jedes Künstlers war und die für ihn den Zweck hatte, sich mit der Fresko- malerei an der Stelle vertraut zu machen, an der sie in ihrer ursprünglichen und groß- artigsten Form sich ihm offenbarte. Ein Reisebericht dieser Zeit an Rethels Mutter ist im Nachlasse erhalten und zwar in echt künstlerischer Zerstreutheit vom 31. September 1844 datiert. Mit kurzem Aufenthalt in Mailand und Genua eilt er nach Rom, wo- bei kurz vor den Thoren der heiligen Stadt

Abb. 66. Der Kaiser Barbarossa im Morgenrot. Federzeichnung.

Abb. 67. Steinigung des Stephanus. Tuschzeichnung.
Verlag der Photographischen Gesellschaft in Berlin.

und Reise verstand. Er schwelgt in den Stanzen, er ist entzückt von diesen Fresken, deren Farbenwirkung ihn überraschte. Er mochte etwas von den zarten, dürftigen Farben erwartet haben, welche die Nazarener als raffaelisch ausgaben, oder von der einfachen dekorativen raffaelischen Farbenbehandlung, wie die Sixtinische Madonna sie aufwies. Ein so reich abgetöntes, auf Licht und Schattenwirkung aufgebautes Gemälde, wie etwa die Befreiung Petri aus dem Kerker, mußte ihn überraschen und begeistern, da es ihm für seine eigenen Fresken den Weg wies. Aber selbst hier gedenkt er wiederum mit dankbarer Rührung seines Lehrers Veit, der ihm die Bahnen gewiesen habe.

Übrigens verhält er sich durchaus kritisch. St. Peter ist nicht nach seinem Geschmack, er mochte ihn zu bunt, zu prächtig und zu elegant finden. Die alten Basiliken und selbst die Trümmer der antiken Bauten, sagt er, seien ihm lieber. Und in der That.

er beinahe verunglückt wäre, da die Pferde des Postwagens durchgingen. Rethel aber hatte Kaltblütigkeit genug, um nicht aus dem Wagen zu springen, sondern ruhig darin sitzenbleibend unverletzt der Gefahr zu entrinnen, während andere, die den Wagen verließen, stark verwundet zurückblieben.

Daß Rom auf ihn den überwältigenden Eindruck machte, den es ja auch heute noch selbst auf den flüchtigsten und oberflächlichsten Besucher ausübt, versteht sich für Rethel von selbst. Alles wird bewundert und angestaunt, selbst die Reste ägyptischer Kunst erregen sein Interesse, aber noch über allem steht ihm hier Raffael, den er freilich besser als viele seiner Zeitgenossen gerade in den Werken seiner späteren Zeit, seiner Größe

Ein feinerer, malerischer Reiz geht von diesen Dingen aus, als von dem effektvollen St. Peter, dessen architektonische Größe ihn offenbar weniger berührte und dessen riesige Verhältnisse beim Fehlen eines richtigen Maßstabes den Wenigsten zum Bewußtsein kommen.

Mit vollem, offenem Herzen genießt er dann die überwältigend schöne Umgebung Roms, schwärmt in jenen von Künstlern gepriesenen Albanerbergen, träumt an der Via Appia von vergangener Größe und kann darüber seinen Mißmut vergessen über das elende verlumpte Volk, das die schönste Stadt der Welt bewohnt, und über die elende Künstlerschaft, die inmitten der Zeugen größter, herrlichster Kunstempfindung an nichts anderes denkt, als durch kleine, bunte

Bilderchen von den durchziehenden Fremden
Geld zu verdienen. Es ist die alte Erfahrung, die er machte, daß nicht das Leben
inmitten dieser erhabenen Werke den Künstler
und Menschen hebt und veredelt, sondern
gerade der lang entbehrte Genuß und das nur
zeitweise Studium weit tiefer, weit durch-
dringender auf uns wirkt.

Eine ganze Kiste mit Kompositionen,
schreibt er, habe er mitgebracht. Sicherlich
befanden sich darunter die Entwürfe zu einem
Altarbilde, das er für die
Nikolaikirche zu Frankfurt
in Auftrag hatte und von
dem sich der Karton jetzt
in Berlin in der Natio-
nalgalerie befindet. Es
ist ein ernstes Werk, in
dem Dürer allmählich ge-
gen Raffael zurücktritt,
das einfach und groß, aber
ohne wesentliche neue Ge-
sichtspunkte die Auferstehung Christi darstellt. Obgleich Rethel tief religiös
war und seinem protestan-
tischen Bekenntniß in
Treue anhing, hat er in
religiösen Bildern wenig
Hervorragendes geleistet.

Von sonstigen Ent-
würfen die vielleicht dieser
Zeit angehören, geben wir
die Steinigung des Ste-
phanus (Abb. 67), deren
Hintergrund deutlich römische Landschaftsstudien ver-
rät. Übrigens ist das Bild
eigenartig genug kompo-
niert und die Figuren der
im Zuge heranziehenden
Pharisäer lassen in ein-
zelnen Typen schon die
Wirkung auch der älteren
quattrocentistischen Mei-
ster Italiens erkennen, die
uns später in den Aache-
ner Fresken noch häufiger
begegnen werden. Die
Gestalt des zu Boden ge-
schmetterten, vom Tode
bedrohten und gleichsam
noch freiwillig den Tod
herausfordernden Märty-

rers würde, in einem großen Ölgemälde
wirkungsvoll ausgeführt, sehr eindrucksvoll
geworden sein. Es wäre zweifellos sein
bestes religiöses Bild geworden, da er hier
einen dramatischen Vorgang geben konnte,
wonach seine ganze Künstlernatur stets hin-
drängt.

Als er 1845 nach Frankfurt zurückkehrte,
war die Angelegenheit der Aachener Freskomalerei noch nicht vorgerückt. Rethel selbst
bereitet sich auf die Ausführung dadurch

Abb. 68. Der Rettungsengel. Fresko.
Frankfurt a. M. Städtisches Institut.

Abb. 68. Otto III. in der Gruft Karls des Großen. Entwurf.
Tuschzeichnung.
(Verlag der Photographischen Gesellschaft in Berlin.)

vor, daß er auf die Wand seines Ateliers im Städelschen Institute die Gestalt eines Mannes al fresco malt. Er wählte dazu aus seinem Bilde „Kaiser Max an der Martinswand" die Figur des Hirten, der als rettender Engel dem Kaiser erscheint, und übertrug sie fast in Lebensgröße auf die Wand (Abb. 68). Dort wurde sie bei dem Neubaue des Instituts abgenommen und ruht nun vorläufig im Magazin des Städelschen

eine Aufnahme, die ihn überraschte und bald mit außerordentlichem Stolze erfüllte. Mit einem gewissen naiven Behagen schildert er die ehrenvolle Aufnahme, die ihm nicht nur von den Künstlern, sondern auch von der hohen Gesellschaft Berlins zu teil wurde. Alle, selbst wenn sie vielleicht seine Werke nicht so genau kannten, bemühten sich doch, ihn als den großen und bedeutenden Künstler zu empfangen und zu ehren, und seinem

Abb. 70. Otto III in der Gruft Karls des Großen. Nach dem Fresko im Rathaus zu Aachen.

Museums. Sie hatte gelitten durch die Abnahme und war ja überhaupt mehr ein interessanter Versuch als ein Bild. Immerhin wichtig genug, um zu zeigen, wie Rethel seine Freskogemälde in durchaus natürlicher Behandlung, in frischen und kräftigen Farben projektierte und keineswegs gesonnen war, die stilisierte marklose Farbe der Cornelianischen Schule nachzuahmen.

Endlich 1846 entschloß er sich, zur Förderung der Angelegenheit persönlich nach Berlin zu gehen. Durch Vermittelung von Reumont an den Generaldirektor von Olfers empfohlen, fand er dort in weitesten Kreisen

weichen, empfindungsvollen und für Huldigung so dankbaren Herzen that das ungemein wohl. Vom Könige selbst wurde er in Audienz empfangen und darf über eine Stunde demselben seine Entwürfe und Skizzen vorlegen und erläutern. Es ist selbstverständlich, daß er hierbei von dem feinsinnigen, zu Scherzen, aber ebenso zu ernster Betrachtung geneigten Fürsten nur den allerbesten Eindruck erhielt. Noch wichtiger für ihn war die Mitteilung, daß der Befehl zum sofortigen Beginne der Fresken erteilt worden sei, der wohl auch ohne des Künstlers persönlichen Besuch in dieser Zeit erfolgt wäre.

Abb. 71. Studienkopf für „Karl den Großen" zum Fresko „Otto III. in der Gruft Karls d. Gr."
Rahards. Verlag der Photographischen Gesellschaft in Berlin.)

So war denn die sechsjährige Warte- zeit beendet und nach sechs Jahren hatte man endlich in Aachen einen Entschluß ge-

an der Stelle, auf der einst Karls des Großen Pfalz gestanden, ehrwürdig durch die Reihe Deutscher Kaiser, die hier zur Krönung ge-

Abb. 2. Sturz der Armeniakaste. Gemma Ausschneidung. Verlag der Photographischen Gesellschaft in Berlin

faßt, der ohne das Eingreifen der Regierung wohl noch länger sich hinausgezogen hätte. Einig war man in Aachen damals darüber, daß das alte ehrwürdige Rathaus, erbaut

weilt hatten, auch in alter Schönheit auf- erstehen müßte.

Der gotische Bau des XIII. Jahr- hunderts war im Jahre 1656 durch einen

Brand so beschädigt, daß er vollständig umgebaut wurde. Bei der Gelegenheit wurden sowohl die Innenräume als die Fassade verputzt und mit Rokokoornamenten verziert. Hier und dort stürzte der Verputz ab und ließ Reste gotischer Gesimse, verstümmelte Baldachine und verbaute Fenster durchblicken. Es war natürlich, daß man bei der wiederbelebten Begeisterung für den

Rethel mit seinen sieben Entwürfen den Sieg erfocht. Das war im Jahre 1840 gewesen. Indessen hatte eine Partei in Aachen den Vorschlag gemacht, es solle der Krönungssaal auch nach der Südseite hin Fenster erhalten, und man machte geltend, daß der dadurch gewonnene Ausblick vom Rathause auf Karls des Großen Münster ganz besonders würdig, ja notwendig sei.

Abb. 73. Sturz der Irmensäule. Nach dem Fresko im Rathaus zu Aachen.

gotischen Stil das Rathaus in dieser Form wiederherzustellen wünschte und ganz besonders den sogenannten Krönungssaal, der durch Einbauten in kleine Zimmer geteilt worden und gänzlich entwürdigt war, wieder auszubessern und auszuschmücken gedachte. Der Rheinisch-Westfälische Kunstverein hatte Beiträge bewilligt zur Ausschmückung des Saales mit Fresken, die an dieser Stelle kaum etwas anderes verherrlichen konnten, als den großen Frankenkönig Karl.

Es wurde jene Konkurrenz ausgeschrieben, an der außer Rethel sich nur Plüddemann, Mücke, Stilke beteiligten, über die

Daß eine solche Beleuchtung von zwei Seiten ein höchst unglückliches Licht für den Saal ergab, wurde dabei nicht beachtet. Die Fresken wollte man damit überhaupt beseitigen oder verkürzen und an ihrer Stelle Standbilder der Kaiser an den Pfeilern des Saales errichten. Es gab Streit hin und her. Die Aachener Zeitungen damaliger Zeit bringen allerdings nicht allzu viel über diese so wichtige künstlerische Frage, aber es hatten sich Parteien gebildet, und man kämpfte für seine Überzeugung mit wenig Verständnis, aber viel Erbitterung. Mochten immerhin die Autoritäten sich für die Vermauerung

der Wand und für die Fresken
erklären, die „lokalen Autoritä
ten" dünkten sich nicht weniger klug.

Am 16. März 1843 erstattete
der königliche Baurat Zwirner,
der bekannte Architekt, ein Gut
achten, daß der Plan der Erwei
terung des Krönungssaales durch
Fenster nach der Südseite aus
baulichen Rücksichten undurchführ
bar sei. Das alte, vielfach be
schädigte Gebäude, dessen Mauern
sich nach verschiedenen Richtungen
gesenkt und geneigt hatten, hätte
durch die kühne Konstruktion des
Saales so wenig Halt in sich be
halten, daß die Gefahr des Ein
sturzes der Deckengewölbe vorge
legen hätte, die ohnedies nur durch
Verankerung zum Teil gehalten
werden konnten. Das hinderte
nicht, daß der Kampf sich noch
drei Jahre hindurch fortsetzte, bis
zu Rethels Gunsten entschieden
wurde.

Rethel jubelte auf. In seiner
Vaterstadt, im alten Festsaale der
Deutschen Kaiser, gleichsam vor
den Augen der Welt nun endlich
al fresco die Geschichte des großen
Kaisers Karl darstellen zu dürfen,
zeigen zu können, wie er einen
echt historischen und monumenta
len Stil gefunden, das ließ ihn
zunächst alles Erlittene, das un
würdige Hinzerren der Ausfüh
rung und die ganze Misere dieses
kleinstädtischen Krieges vergessen.

In seinem Berichte zu der Aachener Kon
kurrenz betont er, daß er im wesentlichen
nur historische Ereignisse gibt, und macht
genaue Angaben über die Quellen, auf denen
seine Arbeit basiert. Nicht aus Sage und
Dichtung will er schöpfen, nicht wie der
Dichter die Gestalten entwickelt, will er sie
nur als Illustrator nachbilden, sondern ganz
modern als eine streng historische Erscheinung.
Und doch so groß, so gewaltig, daß man
empfinden sollte, der Kaiser, der riesenhaft
aus dem Beginn deutscher Geschichte empor
ragt, sei eine überwältigende Gestalt. Mit
Recht will er auch alle umrahmende Orna
mentik vermeiden, um dafür die Gestalten
in ihrer Lebensgröße geben zu können.

Und wenn man auch gegen diesen Wunsch
Bedenken hatte, so lehrte doch die Aus
führung, wie berechtigt er war.

Bei der Konkurrenz reichte er sieben Ent
würfe ein: den Sturz der Irmensäule, die
Schlacht bei Cordova, die Taufe Wittekinds,
die Kirchenversammlung zu Frankfurt, Karls
Kaiserkrönung, die Übergabe der Kaiserkrone
an seinen Sohn Ludwig und Otto III. in
Karls des Großen Gruft. Aber gegen die
Darstellung der Frankfurter Kirchenver
sammlung wurden Bedenken laut. König
Karl hatte 791 eine Versammlung von
Geistlichen nach Frankfurt geladen, um gegen
den Bilderdienst Stellung zu nehmen. Heute
betrachten wir diesen Vorgang als einen

Abb. 73. Studie „Priester" zum Fresko „Sturz der Irmensäule". Berlin, Nationalgalerie.

nach künstlerischen, sondern in-
haltlichen Gesichtspunkten urteilte.
Sah man doch Karl den Großen
hier in unmittelbarem Zusammenhang mit seiner Stadt, deren
ehrwürdigste Kirche er erbaut.
Ferner kam als neuer Entwurf
der Einzug in Pavia hinzu, während die beiden anderen Entwürfe, die Kirchenversammlung
und die Gesandtschaft Harun al
Raschids, vorläufig für das Treppenhaus zurückgestellt wurden.
So waren die Vorbedingungen
zur Ausführung gegeben. Ein
Karton wurde gezeichnet oder war
zum Teil bereits vollendet. Ein
Gehilfe, der Maler Kehren, wurde
angeworben, von dem freilich Rethel in seiner so oft wechselnden
Stimmung bald behauptet, daß
er mehr geschadet als genützt habe,
bald ihn höchlichst lobt.

Rethel begann mit jener Scene,
die Kaiser Otto III. darstellt, der
die Gruft Karls des Großen
öffnen läßt und selbst herabsteigt,
um den gewaltigen Vorgänger auf
dem Kaiserthrone zu verehren
(Abb. 69 u. 70). Durch die darunter angebrachten Fenster war
Rethel gezwungen, dieses Bild in
kleinerem Maßstabe zu geben und
es nicht, wie anfangs beabsichtigt,
an das Ende der Reihe, sondern
an den Anfang derselben zu setzen,
aber auch hier hatte es seine
richtige Stelle. Wie es am Ende

im wesentlichen politischen Akt, als eine
Stellungnahme Karls des Großen gegen
Byzanz. In Aachen wies man aber den
Entwurf zurück, weil es nicht angängig er-
scheine, einen weltlichen Fürsten als Vor-
sitzenden und Leiter einer geistlichen Versammlung darzustellen. Rethel fügte sich
und lieferte zwei neue Entwürfe, Karl der
Große, den Münster erbauend, und die Gesandtschaft Harun al Raschids bei Karl dem
Großen. Die Darstellung des Münster-
baues hatte er zunächst nicht ins Auge gefaßt, weil sie den großen historischen Thaten
des Fürsten nicht gleichwertig erschien. Aber
gerade dieser Entwurf fand in Aachen be-
sonderen Beifall, da die Majorität nicht

das Nachleben des großen Kaisers in der
Phantasie der Deutschen symbolisiert hätte, so
führte es uns hier am Anfang in die geschichtliche Bedeutung des großen Mannes
ein. Wunderbar hat es Rethel verstanden,
das Schauerliche und Unheimliche dieses Gra-
besbesuches zu schildern. Auf Leitern steigen
die Männer hinab zur erbrochenen Gruft.
Voran Kaiser Otto, hinter ihm die anderen,
von Schauder und Schrecken erfüllt. Die
Quadern des Gewölbes sind herabgestürzt und
mattes graues Dämmerlicht bricht von oben
in die Gruft. Fackelschein irrt über die Wände.
Erschüttert, erbleichend, anbetend sinkt Kaiser
Otto in die Kniee, als er vor sich den alten,
sagenhaften Recken erblickt, der starr, groß,

mumienhaft und im Fackelscheine noch fast wie lebendig auf steinernem Thron sitzt, die Füße auf jenen bekannten Proserpinasar-

Reichsapfel über dem aufgeschlagenen Buche. Es ist eine eigene Mischung byzantisch starrer Größe mit lebendiger Wahrheit.

tophag setzend, der noch heute im Münster erhalten ist. Ein Schleier verhüllt das Antlitz des Kaisers Karl. Lang wallt der Bart, die Hände halten Scepter und

etwas Geisterhaftes und Überwältigendes. Das Bild läßt uns die Sage von dem Kaiser, der im Grabe auf seinem Throne der Auferstehung harrt, zur lebendigen Gewißheit werden. Die trotz überraschender kolorisistischer Schönheit doch etwas stumpfe, graue Farbe trägt dazu bei, die tiefe Stimmung dieser Grabes- und Nachtscene zu verwirklichen.

Kaulbach hat in seinem Gemälde im Germanischen Museum zu Nürnberg dasselbe Thema behandelt. Er versucht in seiner gefälligen genrehaften Art es angenehmer und reizender zu gestalten und war sicher-

entschwindet, daß ihr Leben nie wieder ganz frisch und frei werden kann, da sie dem Tode so nahe gestanden haben.

Wie sehr Rethel in Karls des Großen Gestalt steinerne Majestät hat verkörpern wollen, sehen wir aus dem prachtvollen Studienkopf (Abb. 71), der unsterblich sein würde, wenn auch nichts als dieser Kopf vom Bilde erhalten wäre. Wie großartig die Wirkung gesteigert ist dadurch, daß an Stelle der

Abb. 77.   Schlacht bei Cordova.   Nach dem Fresko im Rathaus zu Aachen.

lich überzeugt, es besser gemacht zu haben. Aber wie kalt und wie gleichgültig stehen wir heute vor diesem nichtssagenden, hohlen Bilde, dem die Schauer der Erhabenheit, des Geisterhaften und Abgeschiedenen fehlen, die Rethel schildert! Nichts gibt Kaulbach von dem Schrecken und Grauen der Männer, die jenes große, steinstarre Riesenbild in seinem stillen Prunke vor sich sehen. Auf Kaulbachs Bild sind es neugierige Leute, die etwas Wundersames betrachten, bei Rethel fühlt man, daß diese Männer überwältigt von dannen gehen werden und dieses Bild der Todesmajestät nie wieder ihnen

Kappe die mauerartig gehaltene Kaiserkrone auf des Kaisers Haupt gesetzt wurde, wird jeder beim Vergleich unserer Abbildung fühlen.

Es folgt das Bild der Überwindung der heidnischen Sachsen, die symbolisch durch den „Sturz der Irminsäule" dargestellt wird (Abb. 72 u. 73). Der fratzenhafte Koloß ist zur Erde geworfen, Krieger schleifen das flammenumstrahlte Haupt an Stricken fort. Stolz und hehr tritt König Karl hervor, das Banner des Reiches in seiner Linken, und weist auf den bestürzt und erschreckt niederfallenden das Bildnis ihres überwundenen Gottes. Friedlich säumt den Hintergrund der frische deutsche Tannenwald, der in der Art, wie Laubwerk und Nadelholz stilisiert ist, auffallende Verwandtschaft mit Schwinds Arbeiten zeigt. Die Nebeneinanderstellung des frei, fest, leicht und doch so mächtig vorschreitenden Siegers, mit seiner einfachen Herrschergebärde und der in die Knie brechenden rauhen Sachsenkrieger ist so einfach, so schlagend, so ohne Phrase, daß man in der Erinnerung an jene früheren Bonifaciusbilder (s. Abb. 9) tet. Besonders die letztere Gestalt ist eine Studie von großer Schönheit und merkwürdigem Ausdruck, bei der man unter dem Mantel durchaus die Bewegung der Gestalt durchfühlt. Gerade diese Studien werden immer mehr anerkannt werden, je mehr man erkennt, daß Rethel im Gegensatz zu den meisten seiner Zeitgenossen nicht nur Gewandpuppen und gipserne Gliedermänner, sondern lebende Menschen in seinen Studien darstellt.

Abb. 78. Schlacht bei Cordova. Bleistiftzeichnung. Skizzenbuch. Aachen, Museum.

nun erst empfindet, wie weit Rethel sich entwickelt, wie er gelernt hat, die zarten Gestalten seiner Düsseldorfer Zeit zu Recken umzuformen, die nicht als Muskelmänner kraftgenialisch sich gebärden, sondern in ihrer inneren ruhigen Kraft die echte Heldengröße entfalten. Die Gestalt des Königs ist so dominierend, daß dagegen sein Gefolge, das zur Rechten unter dem Erzbischof Turpin sichtbar wird, vor unseren Augen fast entschwindet. Aus diesem Gefolge geben wir in den Abbildungen 71 u. 75 die Studien zu einem stehenden Krieger sowie zu dem Heidenpriester, der verächtlich sich abwendend, links im Hintergrunde davonschrei-

Sahen wir hier den Kaiser als hehren Sieger über nordische Männer, so finden wir ihn im nächsten Bilde als Schlachtenherrn im Kriegsgetümmel (Abb. 76, 77 u. 78). Vergebens haben die Mauren bei Cordova sich ihm entgegengestellt, ihr Fahnenwagen, von vier weißen Stieren gezogen, auf dem die Priester und Krieger mit teuflischen Fratzen die Rosse und Männer des Christenheeres zu schrecken suchten, ist bereits zur Flucht gewandt. Und aus der Tiefe her sprengt gewaltig auf dem mit verbundenen Augen hinjagenden Streitroß Kaiser Karl. Er bricht die halbmondgeschmückte Fahne des Feindes mit wuchtiger Faust, hebt das Schwert und schwingt es

Abb. 79. Studie zur „Schlacht bei Cordova (Karl d. Gr.)." Berlin, Nationalgalerie.

das Verderben in das Sarazenenheer selbst zu wälzen scheinen. Eine malerische Leistung allerersten Ranges, koloristisch wohl die hervorragendste Partie der ganzen Freskenreihe. Dann diese angstvoll, verzweifelt sich dem Ansturm entgegenstellenden Krieger, zur Rechten das in wilder Flucht sich ergießende feindliche Heer und links hinter Karl die christliche Ritterschaft, an ihrer Spitze Erzbischof Turpin mit dem Kreuze.

Was die Schlacht so anschaulich und wahrheitsgemäß macht, das ist die Kunst, mit der Rethel vermieden hat, allzuviel Personen zu häufen. Beide Heere sehen wir eigentlich nur im Hintergrunde und mehr andeutungsweise auf der Flucht und im Angriff. Nicht in einer Folge von Einzelscenen zersplittert er die Wucht des Ansturmes; nur der Kaiser und seine wenigen Gegner bilden wirklich sichtbare Einzelgestalten und diese im höchsten Kampfe oder, wie der im Vordergrunde Hinkriechende, im höchsten Schrecken. Rethel läßt fühlen, daß dieser Heldenkaiser auch zu Roß mehr noch durch den Anblick seiner furchtbaren

zu tödlichem Hiebe und mit lohendem, glühendzornigem Blicke trifft er die Heidenpriester, die wehrlos vor dem sieghaften Helden auf ihrem Wagen gebannt stehen. Es ist freilich das Schlachtenschema der klassischen Schule, der Heerführer an der Spitze und in der Mitte des Bildes. Aber das Schema scheint fast überwunden durch die Kraft, mit der alles natürlich und glaubhaft hier dargestellt wird. Daß der in so ungeheurem Ansturm heran Galoppierende allen den Seinen voraus eilen, daß diese mächtige Heldengestalt als Sieger über ganze Scharen hinreiten muß, glauben wir gern. Wie glücklich ist, ohne es vorzudrängen, das malerische Motiv gewählt, der bemalte Wagen mit seinen wilden Gestalten, davor die vier schweren, weißen Stiere, die davonrasend

Stärke als durch Schwerteshiebe seine Feinde niederschmettert. Es ist der Ausdruck der schnigen Figur, des erhobenen Antlitzes, der uns diesen Glauben beibringt und die Wirkung, die wir von ihm auf die Feinde ausgehen sehen; so brauchte er in der Zeichnung Karl nicht übertrieben darzustellen, denn seine Kraft leuchtet gleichsam von innen heraus.

Wie sorgfältig er die Wirkung der Kaisergestalt vorbereitete, sehen wir auf einer Aktstudie (Abb. 79), auf der er sein Modell auf einen Sattel gesetzt hatte, um ganz genau die Position, die Bewegung des Körpers zu studieren und zu versuchen, ob diese mächtige, aufgerichtete Figur mit der gegebenen Bewegung sich vereinen lasse. Ferner finden wir eine Studie zu einem der Stiere (Abb. 80), die außerordentlich malerisch mit wenigen flächenhaften Strichen gezeichnet ist.

Dem Kampfe folgt wiederum Sieg. Pavia, die stolze Lombardenstadt, ist gefallen. Ihre Mauern sind gebrochen und durch das Thor, das hoch in klassischem Bogen sich wölbt, wehen die Fahnen der fränkischen Heere. Hinter den Seinen reitet Karl, das gezückte Schwert in der Rechten, die eiserne Lombardenkrone stolz in der Linken emporhaltend (Abb. 81 u. 82). So zieht er fest, fast unbewegt dahin und blickt scharf hinüber, wo der feindliche König Desiderius, in ohnmächtiger Wut sich abwendend, gefesselt steht, und seine Gattin sich weinend an ihn schmiegt. Mag diese Gruppe rechts ein wenig theatralisch ausgefallen sein, mag er zu sehr, wie er selbst schreibt, gestrebt haben, ihn „gelb und giftig in wilder Aufregung, im Vorgefühl, der letzte seines Stammes zu sein", zu malen, die Gestalt des Frankenkönigs zeigt nichts davon. Es liegt eine Strenge, eine Würde und straffe Größe in diesem Manne, der von dem starken Rosse so schwer dahingetragen wird und der von den hellen wehenden Bannern sich in dunkler Silhouette so scharf abzeichnet. Man vergleiche hier den Entwurf des Bildes mit der Ausführung. Auf dem Entwurfe hat der Kopf eine mehr quadratische Form, auf dem Bilde ist er schlanker, höher und dadurch strenger; auf dem Entwurfe sind die Fahnen noch etwas kleinlich und matt bewegt, auf dem Bilde größer und ergeben den hellen Hintergrund für

den Kopf. Besonders die Architektur des Portals ist auf dem Entwurfe etwas dürr und etwas mager geraten, auf dem Bilde aber sind die Quadern mächtiger gefügt, das ganze Thor hat mehr Größe. Es ist offenbar, wie glücklich er selbst diese scheinbar nebensächlichen Effekte zu berechnen weiß. Was man ihm für seine Zeit besonders hoch anrechnen muß, ist z. B. die Einfachheit, mit der er die Gestalten der nachfolgenden Krieger behandelt. Er mag von italienischen Bildern gelernt haben, wie eindrucksvoll diese ruhig und selbstbewußt hinziehenden Reiterfiguren sind und wie wenig sie wirken würden, wie sie die Kaisergestalt in ihrer Bedeutung herabdrücken würden, wenn er sie jubelnd und sich bewegend gab. Wer hat einen einziehenden

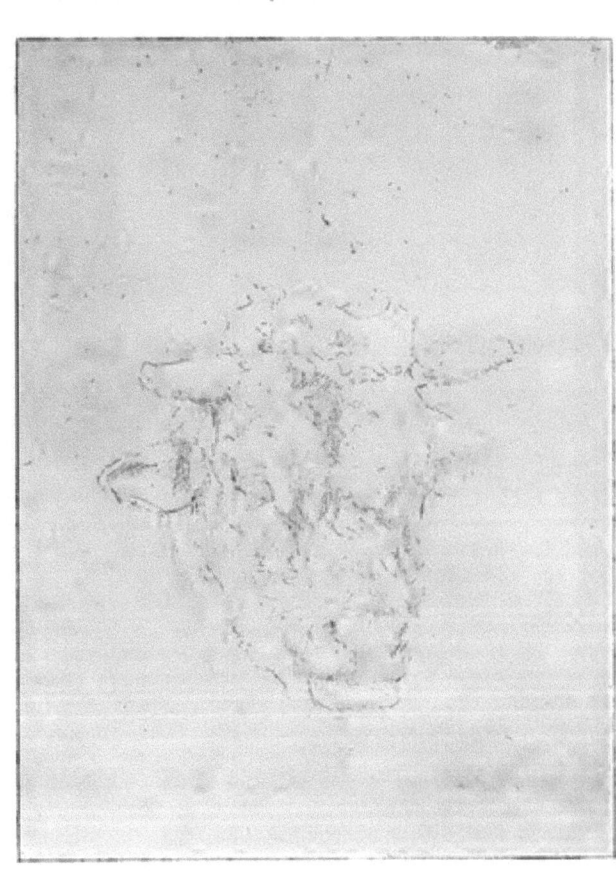

Abb. 80. Studie zur Schlacht bei Cordova (Stier).
Berlin, Nationalgalerie.

Sieger so groß und so bedeutend darzustellen gewußt, als Rethel hier den König
Karl? Rethel selbst sagt von ihm in einem
die verhältnißmäßig bedeutungslose Gestalt
der betreffenden Heerführer, das kleinliche
der sie umgebenden Menschenmassen, um zu

Abb. 51. Entwurf: Einzug in Pavia. Initialzeichnung. Verlag der Photographischen Gesellschaft in Berlin.

Briefe: „Der Kaiser ist recht zu einem
nordisch deutschen siegenden Fürsten geworden." Man vergleiche nur die große Zahl
von Einzugsbildern aus unseren letzten Kriegen,
fühlen, wie groß, wie stilvoll, wie monumental
Rethel hier gestaltete, wie er vor allem verstand, der Hauptfigur die richtigen Propor-
tionen zur Gesamtmasse des Bildes zu wahren.

Von zugehörigen Studienblättern geben wir ein paar Nebenfiguren, die Altfigur der Gattin des Desiderius (Abb. 84), die sich an ihn schmiegt und eines Reiters aus dem Gefolge des Königs (Abb. 85), die ausgezeichnet behandelt ist. Endlich das wundervolle Altstudium für die Kaiserfigur selber (Abb. 83), in der bereits die ganze Kraft der Körperbewegung vorgebildet ist, die das ausgeführte Bild uns zeigt. Rethel läßt nirgends unmittelbar die Einwirkung der Antike in seinen Werken spüren. Alle diese Figuren sind zeitgenössisch gekleidet, bis ins Detail historisch durchgeführt und vor allem wird der „Faltenwurf,“ mit dem so viele seiner Zeitgenossen überschwenglich Mißbrauch treiben, nicht gewaltsam in antike Formen gezwungen. Panzer und Waffenrock, Priestergewand und schlichtes Wams weiß er einfach und doch ganz monumental zu bilden. Und doch ist in diesen letzten Kompositionen etwas, das er der Antike, wenn auch nicht abgelauscht, so doch selbständig nachgefühlt zu haben scheint, das Gefühl für Ruhe in der Bewegung, das Ge-

fühl, daß die wahre Größe nicht durch übertriebenen Kraftaufwand, sondern durch gemäßigte, aber starke Form sich ausspricht. Immer mehr lernte er malerisch komponieren, frei, scheinbar zufällig die Gruppen zusammenzustellen und sie doch in großen Massen so kompakt zusammenzufassen, daß man ein Gefühl der Fülle, der vollständigen Benutzung des Raumes bis zum äußersten hat.

Der letzte der von ihm gezeichneten Kartons stellt die Taufe Wittekinds dar (Abb. 86). Man denkt dabei wohl an Raffaels Verwendung der Treppenanlagen in den Stanzen (Bolsenamesse), aber kopiert ist hier nichts. Auf der Höhe einer Freitreppe kniet Wittekind, tief zerknirscht, in sich zusammengebeugt, erschüttert wohl mehr durch die Scham des Besiegten als durch die Weihe der Handlung. Und über ihm hebt Erzbischof Turpin die Hand. Er ist im vollen Ornat, aber nicht prunkvoll gekleidet, in feierlicher Bewegung und das Haupt voll heißen Dankes zum Schöpfer emporgerichtet, der ihm in seinem Dienste diesen Sieg über die Seelen verlieh.

Abb. 82. Einzug in Pavia. Nach dem Fresko im Rathaus zu Aachen.

Abb. 86. Aktſtudie zum Einzug in Pavia.
Berlin, Nationalgalerie.

ſchauen, der ſolches ver-
mochte. Zur Linken führt
ein Mönch einen Sachſen-
jüngling, einen Widerſtre-
benden zur Taufe heran.
Zu dieſem Mönche geben
wir wieder ein Studien-
blatt (Abb. 87), das in
flüchtiger Behandlung, in
ſtarker führender Linie und
Lebendigkeit der Bewegung
zeigt, was in der Ausfüh-
rung Rethel aus einer ſo
einfachen Nebenfigur ge-
macht haben würde. Wenig
ausdrucksvoll, aber ruhig
und ſchön iſt die Gewand-
ſtudie für den Erzbiſchof auf
dem Taufbilde (Abb. 88).

Schon für dieſes Bild
ſind wir, da Rethel die
Ausführung al fresco ſei-
nem Gehilfen Kehren über-
laſſen mußte, auf die Be-
trachtung des Kartons
verwieſen. Für die fol-
genden beſitzen wir leider
nichts als die erſten Entwürfe, die nur andeuten,
was er in ſpäterer Zeit
aus dieſen Vorgedanken ge-
ſchaffen haben würde.

Aber auch ohnedies
wird ein unparteiiſcher Be-
urteiler zugeben müſſen,
daß die drei nächſten, ſpä-

Dahinter Chorknaben mit Taufbecken und
demütige Mönche. Und zur anderen Seite
iſt Karl der Große im Augenblick der heiligen Handlung auf die Knie niedergeſunken,
aber zugleich richtet er den Oberkörper ſtolz
auf und faßt feſt den Griff des Schwertes,
umſpannt mit ſtarker Hand das Scepter,
und wie er königlich erhaben vor dem Throne
dort kniet, fühlt man in ihm den Stolz
des Siegers über Leib und Seele der wider-
ſpenſtigen Sachſen. So wie auf des Prieſters
Seite Andacht und feierliche Demut, ſo zeigt
ſich auf des Kaiſers Seite in ſeinem Gefolge
Stolz und Würde. Am größten aber ſcheinen
mir die beiden Geſtalten der Krieger, die
halb widerwillig das Sachſenbanner beugen
und dabei doch mit Staunen und Bewunderung zu dem mächtigen Fürſten empor-

ter von Kehren ausgeführten Entwürfe,
ſchon in der Kompoſition nicht ganz ſo
glücklich ſind, wie die früheren. Zuviel
offizielles Ceremoniell kam in dieſe Scenen
aus dem ſpäteren Leben Karls des Großen.
Die Hiſtorienmalerei jener Zeit liebte es
allerdings nach dem Vorgange der großen
Italiener an einer, angeblich beſonders paſ-
ſenden Stelle, Füllfiguren anzubringen, die
man gern mit dem antiken Chore verglich
und als unerläßlich für die Abrundung der
Kompoſition bezeichnete, die aber heute in
ihrer ſtörenden Abſichtlichkeit gekünſtelt und
daher unleidlich erſcheinen. Wenn die Krönung
Karls des Großen zum Kaiſer durch Leo III.
im Sankt Peter zu Rom (Abb. 89) gegeben
wurde, ſo blieben als eigentlich handelnde
Figuren nur der Kaiſer und Papſt Leo zur

Verfügung: alle übrigen waren doch nur Statisten, und da ihrer eine große Zahl, so wirken sie unvermeidlich monoton. Auf

überrascht aufblickt, ehe nur die Krone sein Haupt berührt, wirkt seltsam. Und sollte er wirklich durch diesen Akt überrascht wor-

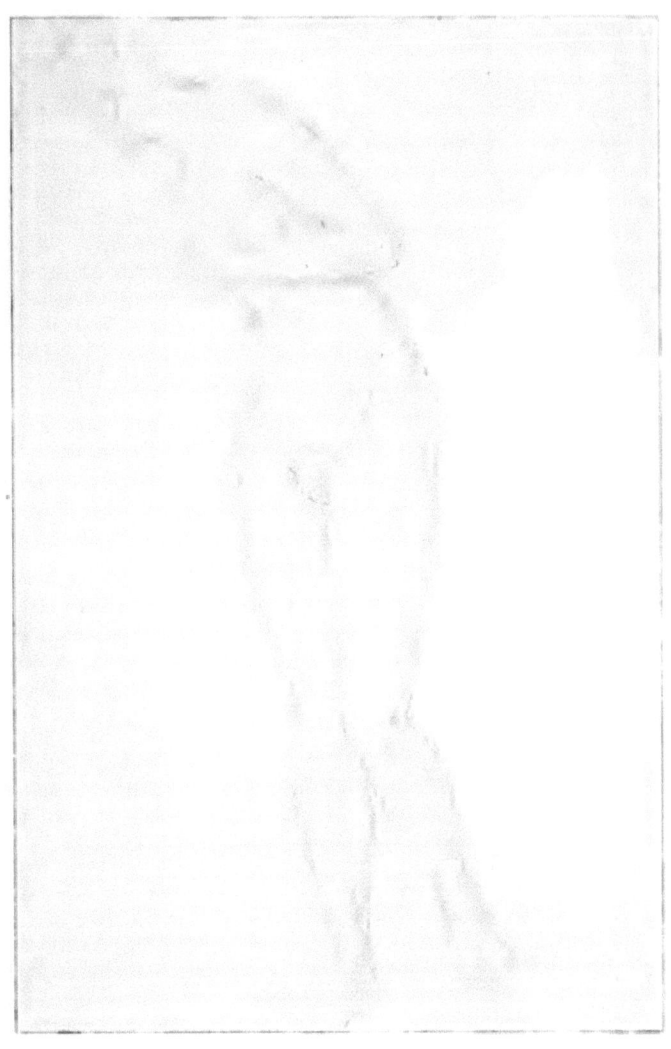

Abb. 81. Studie zur „Taufin des Desiderius" vom Einzug in Pavia.
Berlin, Nationalgalerie.

dem Bilde kniet der König im Gebet und dem Nichtsahnenden setzt der von hinten an ihn herantretende Papst die Krone auf das Haupt oder ist im Begriff, sie ihm auf das Haupt zu setzen. Es mag persönliches Empfinden sein, aber daß Karl bereits

den sein? Sollte wirklich, wie man dem Kinde Weihnachtsüberraschungen bereitet, der Papst die eigens dazu mitgebrachte deutsche Kaiserkrone ihm damals unversehens auf das Haupt gesetzt haben? Das ist naiv und im Sinne eines kindlichen Volkes gedacht. Fried-

Abb. 85. Studie zu einem Ritter aus dem Gefolge Karls d. Gr.
Entwurf in Pavia. Berlin, Nationalgalerie.

geigt hätte, vielleicht auch, daß er bei Ausführung des Kartons diese Schwäche des Werkes entdeckt und in irgend einer Form gebessert haben würde. So ist durch Kehren die erste Skizze vergrößert und noch dazu in der unangenehm wirkenden kleinlichen und süßlichen Manier, die nun einmal damals als schön, sogar als künstlerisch galt, ausgeführt worden.

Die folgende Scene, „Erbauung des Aachener Münsters durch Karl den Großen" (Abb. 90), ist ja, wie wir wissen, ausdrücklich auf Wunsch der Auftraggeber an Stelle eines anderen Entwurfes eingefügt. Freilich war es für die Aachener anziehend und belehrend, hier inmitten freier Landschaft, in deren Hintergrunde sich, etwas vorweg genommen, bereits die Salvatorkapelle auf ihrer heutigen Stelle erhebt und der wohlbekannte Lousberg seinen Rücken hinstreckt, den Münster entstehen zu lassen. Aber immer bleibt etwas Gezwungenes in dem Vorgange. Karl der Große ist nicht nur beobachtend, sondern gewissermaßen selbstthätig dargestellt. Er lotet an einem reich skulpierten Block und mitten in die-

rich Wilhelm IV. machte bei Vorlage dieses Entwurfes die scherzhafte Bemerkung, solche „Überraschungen" kenne man. Er hatte recht. Mir scheint, hier zahlte Rethel doch der Zeit seinen Tribut oder der Notwendigkeit, im Geschmacke der Zeit Staatsaktionen zu schildern, die mehr historisch bedeutend, als künstlerisch reizvoll waren. Man möchte glauben, daß er bei völliger Freiheit etwas anderes und Wirksameres an diese Stelle

ser, für einen Kaiser etwas seltsamen und übrigens für die anwesenden Baumeister etwas beschämenden Thätigkeit wird er wiederum „überrascht" durch die päpstlichen Legaten, die aus Ravenna Steinsäulen zum Bau als Geschenk des Papstes heranführen. Sollte wirklich eine so vornehme und so von weit her kommende Gesandtschaft so unvermutet auf den Bauplatz gelangt sein und, ohne angekündigt zu werden, urplötzlich hinter

dem Kaiſer aufſtauchen können? Selbſt zu-
gegeben, daß es möglich iſt, wahrſcheinlich
iſt es nicht, und dieſer kleine anekdotiſche Zug

galten nicht zu jener Zeit, als Rethel die
Entwürfe ſchuf. Gerade in dieſen gewohnten
Formen ſah man etwas Vertrautes und,

iſt jedenfalls in ſeiner wuchtigen monumen-
talen Ausführung voll ſeltſamer Kontraſte.
Das ſind die Betrachtungen, die der moderne
Menſch anzuſtellen gezwungen iſt. Aber ſie

wie wir wiſſen, dieſe Bilder ſagten weit
mehr zu, als der große Wurf der fünf erſten.
    Zu voller Höhe erhebt ſich Rethel wieder
im letzten Bilde des Cyklus, in der Abdankung

des Kaisers, der seine Würde an seinen Sohn Ludwig den Frommen überträgt (Abb. 91). Der Kaiser ist herabgestiegen von seinem Thron. Aus den Händen des Bischofs em-
aber, dessen alternde Gestalt zwei Diener stützen müssen, steht doch noch stolz, um Haupteslänge alle überragend, und gebieterisch weist er sein Gefolge auf den Thron,

Abb. 87. „Mönch“. Studie zur Taufe Wittekinds. Berlin, Nationalgalerie.

pfängt der knieende Ludwig das Zeichen der kaiserlichen Würde. Rethel ist es gelungen, schon auf der Skizze dieser Gestalt eine sichtlich tiefe Bewegung, eine gewisse Scheu und Ehrfurcht vor dem erhabenen Symbol auszuprägen, das er empfängt. Der alte Kaiser
vielleicht um sie aufzufordern, auch dem neuen Herrn und Kaiser die Treue zu wahren, die sie ihm gehalten. In seinem Gefolge fühlt man die tiefe Bewegung, den vorahnenden Schmerz eines künftigen Verlustes, die Trauer, daß der vom Throne

herabsteigt, dem sie, den Thron zu schaffen und zu schützen, ihr Leben geweiht hatten. Würdiges Amtieren auf der einen, tiefe Bewegung auf der anderen Seite, dazu die so herrlich empfundenen Mittelgestalten. Man darf sagen, hier war ihm das Schwere gelungen, eine Ceremonie zu einem historischen Akte zu gestalten. Das Gleiche gilt von den beiden letzten zur Ausführung gekommenen Entwürfen. Die Darstellung der Frankfurter Kirchenversammlung (Abb. 92) ist ja scheinbar eine der unglücklichsten Aufgaben, aber durch die räumliche Anordnung, dadurch, daß der König so mächtig und hoch über der Versammlung thront, daß die Versammelten so gut verteilt sind und die Einzelnen, wenigstens im Vordergrunde besonders deutlich hervortreten und so scharf individualisiert sind, zerstreut er die fast unvermeidliche Monotonie. Und wie hier durch die reichen

Abb. 88. Studie für den „Erzbischof" zur „Taufe Wittekinds". Berlin, Nationalgalerie.

Kostüme der geistlichen Herren, so hätte er auf der Darstellung der Gesandtschaft Harun al Raschids durch die Kostüme der orientalischen Männer das Bild wohl farbig so belebt, daß es zu einem glücklichen und künstlerischen geworden wäre. Auf diesem letzteren Bilde ist auch die Gestalt des Kaisers ungemein gelungen. In byzantinisch starrer, feierlicher Haltung sitzt er auf seinem kaiserlichen Sessel. Huldvoll, aber stolz empfängt er die Gesandten, die sich begeistert vor ihm niederwerfen oder von ferne staunend den Mann betrachten, um dessenwillen sie so weite Fahrt gethan.

Durch das geöffnete Fenster des Saales blickt man hinaus auf den Münster, und manchen wird es besonders vergnüglich erschienen sein, vor dem Münster die Kamele der fremden Männer auftauchen zu sehen. Bewundernswert erscheint immer die Kraft, mit der auch hier z. B. im Vordergrunde die Gestalten einiger karolingischer Ratsherren so mächtig, so plastisch, so groß und lebendig gestaltet wurden, daß sie kaum mehr den Eindruck von staffierenden Gestalten machen, sondern wie selbständige eigene Bedeutung durch die Schönheit ihrer Erscheinung annehmen.

Manches wird die moderne Kritik heute

anzuzweifeln, so Karls des Großen äußere
Erscheinung oder die Korrektheit der re-
konstruierten Bauten. Aber diese äußeren

hatte und daß er Menschen und Bauten
nicht nur so darstellen mußte, wie sie die
exakte historische Forschung uns schildern

Fragen wird man nicht zum Maßstabe
machen dürfen. Auch heute noch könnte
man dabei geltend machen, daß Rethel nicht
nur als Historiker, sondern vor allem als
poetisch erzählender Künstler hier zu schaffen

würde, sondern auch so darstellen durfte,
wie sie in der Phantasie des Volkes leben
und gerade durch ihn noch fortleben werden.
Wertvoller als die größte äußere historische
Wahrheit bleibt immer die innere Wahr-

heit und der erhabene Ausdruck, den Rethel seinen Gestalten zu verleihen wußte. Auch ein „echteres" Kostüm könnte uns niemals

und Nachwelt wird hier geschildert, seine Siege über Sachsen, Langobarden und Mauren, seine Heldentrat, bewährt in Nord

das ersehen, was Rethel gab, wenn es nicht zugleich so mächtig, groß und wahr bewegt, so voll innerer Kraft gegeben würde.

Karls des Großen Ruhm bei Mitwelt

und Süd. Dann wieder sehen wir ihn im Dienste des Herrn bereit, mit seinem Schwerte das Reich der Christenheit zu ehren und zu schützen. Wir sehen ihn in friedlichen

Thaten als den ersten, der in Germanien durch
die Jahrhunderte hin dauernde Bauten schuf,
und sehen sein Werk gekrönt durch die
Kaiserkrone, gesichert durch die Krönung
seines Sohnes, und, wären die Nebenbilder
nahmen erfüllte er auch die modernen Anforderungen, die keine leeren Abstraktionen,
keine gekünstelten und verstandesmäßig zu-
sammengetragenen Kompilationen dulden mag,
in denen Kaulbach der noch leider heute

ausgeführt worden, wir sähen ihn als Herrn
der katholischen Christenheit und als den
weithin im Heidentum Berühmten und Ge-
ehrten. So erfüllte Rethel die Forderung
seiner Zeit, die für die Darstellung großer
Ideen eine abgerundete cyklische Anordnung
verlangte. Und doch, mit wenigen Aus-
viel bewunderte Meister war. Es ist keine
graue Theorie, die er an die Wand malte,
sondern geschichtliche Thatsache und vor
allem, es sind lebendige Bilder, verständlich
auch ohne Kommentar, auch für den höchster
Bewunderung wert, der sie nur nach ihrem
künstlerischen Werte mißt und der vor dieser

mächtigen, packenden Zeichnung, vor dieser ernsten, ich möchte sagen, gravitätischen und doch unter Anpassung an den Freskostil innere wieder an Kaulbach und doch nicht erreichen konnten, weil sie mit der Natur nicht Rethels enge Fühlung hatten. Knaus,

Abb. 72. Kirchenversammlung zu Frankfurt. (Entwurf. Zeichnung.) (Verlag der Photographischen Gesellschaft m. beschränkt in Berlin

natürlichen Farbengebung die höchste Bewunderung empfinden muß. Es ist jene Mischung von Realismus und Idealismus, die so viele in jener Zeit wollten (sich er- groß, wuchtig und kühn ist die Zeichnung, streng, stilvoll, aber wahr die Farbe. Es ist ein echter historischer Stil und ein ganz persönlicher, der in diesen Bildern lebt und ihnen einen Wert verleiht, den von Jahrzehnt zu Jahrzehnt immer unbedingter die Welt anerkennen muß. Es dürfte schwer sein, in Deutschland ein Freskenwerk zu finden, das auch in der farbigen Ausführung dem Werke Rethels gleichgestellt werden darf. Und ohne die Frage nach der Bedeutung der Cornelianischen Kartons berühren zu wollen, wird man in der Ausführung unbedingt Rethel den Vorzug geben müssen. Schwinds Fresken aber sind so ganz anders gefühlt, so ganz anders gegeben, daß sie hier gar nicht in Vergleich kommen können.

Das empfand auch der große Ästhetiker

Fr. Th. Vischer, als er Ostern 1841 Rethel in seinem Atelier zu Frankfurt besuchte und die erste Bekanntschaft mit dem Meister und seinen Aachener Entwürfen machte. Damals schrieb er begeistert: „Das ist es ja, das ist ja der Weg, den der deutsche Stil einschlagen muß, wenn er rein, wenn er klassisch und von Idealität, die uns zu allgemein, zu generell ist, die strenge, ja eckige Individualisierung Dürers in rechtem, gedämpftem Maße, ohne Ecken und Brüche. Alles groß und historisch und doch schlicht, voll gesunder und naiver Herbe, unangesteckt von jenem Zuge des Gesehenseinwollens, den die Franzosen und das

Abb. 91. Karl der Große und die Aachener Quelle. Zeichnung.
(Verlag der Photographischen Gesellschaft in Berlin.

doch nicht unwahr schön sein soll. Das ist jene richtige Beimischung eines Zuges von Albrecht Dürer zu der plastisch geschwungenen Linie, die wir an der Antike, Lionardo, Raffael und Michelangelo gelernt haben. Hier hat ja einer mit starker Hand die Gegensätze gebunden, welche zu verschmelzen die Aufgabe unserer einheimischen Kunst ist, — der reine Formenadel der klassisch fühlenden Italiener ohne die Art Theater in unsere Kunst eingeführt haben.

Als die Fresken dann vollendet waren, schreibt er 1860: „Die Aachener Fresken wurden von den Aachenern beanstandet, weil man falsche Forderungen an das Fresko stellte, mehr Farbe verlangte, d. h. in dem Sinne, wie sie Kehren bei den letzten Bildern gab, also im Wetteifer mit dem Staffeleibild. Eine Behandlung, die auf Farbenreiz ausging, paßte nicht zu diesem großen Zeichnungsstil." Weiter vergleicht er ihn als Ideal-realisten und kongenialen Geist mit Shake-speare und schreibt dann: „Cornelius und Rethel sind nahe verwandt, beide beherrschen das deutsche knorrige, eckige Wesen, können es aber in höhere Sphären aus dem Na-turalismus herausheben. Beide schaffen Eulen. Aber die des Rethel spinnen nicht

und ohne Scheu wurde von vielen Seiten die Arbeit als völlig mißlungen bezeichnet. Ja, Müller von Königswinter berichtet, daß davon gesprochen wurde, der Gleichmäßigkeit halber Rethels Meisterwerke durch den braven Kehren übermalen zu lassen, wohl um ihnen jene puppenhafte Süßlichkeit und jene zucker-bäckerne Farbe zu verleihen, in der Kehren

Abb. 26. „Verwunderung" Heinrich der Vogelsteller'. Tuschzeichnung.
(Verlag der Photographischen Gesellschaft in Berlin.

ein Netz von Gedanken — Kombinationen zwischen Bild und Bild schwer verständlich aus. Cornelius will nur Gedankenausdruck, läßt sich nur ungern und unbehilflich auf die äußeren Kulturformen der wirklichen Geschichte ein. Rethel kann selbst die moderne Tracht stilisiert bemeistern.

So war er der rechte Mann für unsere deutsche Geschichte. Malt echt deutsche Ge-stalten.

In Aachen freilich war man damals weit davon entfernt, solchen Wert diesen Fresken beizumessen. Im Gegenteil! Essen

Meister war und die offenbar mehr Beifall fand als Rethels herbe Größe. Mit Mühe sollen Suermondt und andere Aachener Bürger verhindert haben, daß von unvernünftigen Stadtgenossen beschlossen wurde, diese Fres-ken zu vernichten. Anders dachten die Düssel-dorfer Kollegen, denn als Leising, Sohn und Wiegmann zur Begutachtung dieser Frage nach Aachen geschickt waren, erstatteten sie einen so günstigen Bericht, daß Kehren selber von der Übermalung Abstand nahm. So wurden die Meisterwerke gerettet.

Noch einmal im Jahre 1883, als ein

Brand Dach und Türme des Rathauses
verzehrte, schwebten sie in der Gefahr, durch
Feuer und Wasser vernichtet zu werden. Sie
blieben zum Glück erhalten. Aber leider tragen
sie den Todeskeim in sich selber. Durch die
etwas langsame und nicht völlig sachkundige

werk eingegriffen werden muß. Man darf
vertrauen, daß heute, wo Stadt und Staat
gleichermaßen sich bewußt sind, daß einer
der größten Kunstschätze Deutschlands ihrer
Obhut anvertraut ist, ebenso vorsichtig als
gewissenhaft verfahren wird, um so viel

Abb. 96. Faulbett (Wenzel der Faule als Erfinder des Petschaftes). Zwischzeichnung.
Verlag der Photographischen Gesellschaft in Berlin.

technische Ausführung der Malerei beginnen
sie heute, von Rissen durchzogen, ihre Farbe
zu verändern. Für die Seccoretouchen hat
Rethel selber sich eines Malmittels bedient,
das nicht nur in der Farbe sich gänzlich
verändert, sondern auch chemisch zersetzt,
und damit von der Mauer abblättert. So
ist es notwendig geworden, helfend zu bes-
sern. Und doch kann man nicht ohne Schmerz
daran denken, daß in des Meisters Eigen-

von des Meisters Originalarbeit zu erhalten,
als irgend sich bewahren läßt, und doch dem
Verderben Einhalt zu thun. Die Restau-
rationsversuche gehen denn auch dahin, die
Farbe einfach derart zu imprägnieren, daß
sie wieder fest mit der Mauer sich verbindet.

Rethel begann im Jahre 1847 das erste
Bild, zeichnete dann im Winter 1847/48
in Dresden Kartons, denn nach Frankfurt
zurückzukehren hatte er keine Neigung. Die

Abb. 95. Der Fahnenträger. Tuſchzeichnung.
(Verlag der Photographiſchen Geſellſchaft in Berlin.)

wäre übrigens in jeder anderen Stadt auch in gleicher Weiſe eingetreten, daß das liebe Publikum in der ſchonungsloſen Art, die nun einmal den Menſchen vor Dingen, die ſie nicht verſtehen, eigen iſt, geiſtloſe und zuweilen auch alberne Bemerkungen machte. Weder in der Aachener Geſellſchaft, noch in den öffentlichen Blättern der Stadt fand er die Anerkennung, die er ſich wünſchte, und nicht minder war er auch darüber verſtimmt, daß ſeine Düſſeldorfer Freunde ihn bei ſeinen Arbeiten nicht beſuchten. Wie Kehren berichtet, ſoll er nicht ſelten in völlig verzweifelter Stimmung, ja in Thränen vor ſeinem Werke geſeſſen haben.

Stadt, die ſonſt ihm ſo lieb und wert erſchienen war, hatte den Reiz für ihn verloren, ſeitdem Mißhelligkeiten verſchiedener Art, wohl durch die reizbare Natur des Künſtlers mit hervorgerufen, dort ihm das Leben verleidet hatten. Im Sommer 1848, 1849 und 1850 iſt er wieder in Aachen, verſucht im Herbſt 1850 in Berlin ſich anzuſiedeln, kehrt aber aus Gründen, die ſpäter zu erörtern ſind, nach Dresden zurück, wo eine Reihe von Düſſeldorfer Malern anſäſſig geworden war und die Umgebung der Stadt und nicht zuletzt wohl die dortige Galerie ihn anzog. Den letzten Karton zeichnete er im Winter 1851/52 in Dresden.

Die Sommeraufenthalte in Aachen waren für ihn ein Martyrium. Der Rathausſaal war während der Arbeiten einem jeden zugänglich. Nicht einmal der Raum, in dem der Künſtler ſelbſt malte, wurde abgeſperrt, und ſo war es nur natürlich und

Berechtigte und unberechtigte Reizbarkeit, vielleicht die Vorboten des beginnenden Gehirnleidens, und andererſeits die Verzweifelung über die geringe Teilnahme ſeitens der Bürgerſchaft untergruben ſeine durch die ſchwere Arbeit erſchütterte Geſundheit. Er war oft menſchenſcheu und blieb einſam.

Indeſſen litt darunter ſeine ſchöpferiſche Kraft keineswegs. Die Aachener Fresken wurden von Bild zu Bild großartiger. Während der Wintermonate entſtand außerdem in Dresden eine ganze Reihe von Entwürfen, unter denen zwei ſich auf karolingiſche Geſchichte beziehen. Auffallend iſt, daß in dieſer Zeit ſeine Neigung zu allegoriſcher Darſtellung ſtändig zunahm, der er früher mit geringen Ausnahmen ſo glücklich widerſtanden. So entwarf er für das Treppenhaus des Aachener Rathauſes eine Allegorie „Kaiſer Karl und die Aachener Quelle" (Abb. 94). Der Kaiſer erſcheint dabei außerordentlich

Abb. 98. Totentanz. Entwurf. Auferstehung des Todes.
Verlag der Photographischen Gesellschaft in Berlin.

Abb. 99. Totentanz. Entwurf. Ritt zur Stadt.
Verlag der Photographischen Gesellschaft in Berlin.

beschäftigt. Während er mit der Linken ein schweres Modell des Aachener Münsters emporhebt und die Augen gen Himmel richtet, faßt er mit der Rechten die Hände der vor ihm knienden Quellnymphe. Er sitzt über einer etwas dünn rinnenden, dampfenden Wasserader, die jedenfalls die Aachener Quellen darstellen soll. Nur die Gestalt der Quelle selber, deren eigentümlich persönliche Züge an ein Porträt denken lassen, fesselt uns an dieser ein wenig langweiligen Darstellung.

Ein anderer Entwurf stellte jene Scene dar, auf die Karl der Große, erzürnt über die Kostümpracht seiner Hofherren, diese zum Jagen in die Wälder führt und sich darüber ergößt, wie ihre kostbaren Gewänder von Dornen und Gestrüpp zerschlissen werden. Manches entstand noch in Frankfurt in dem früher erwähnten Kompositionsvereine, der z. B. die Themata „Verwunderung und Faulheit" stellte. Die Verwunderung stellte Rethel dar in der Gestalt Heinrich des Vogelstellers, der ruhig und wohlgemut am Vogelherde sitzend plötzlich durch den grünen Tann die Abgesandten der Franken und Sachsen heranreiten sieht, die ihm die Krone anzubieten kommen (Abb. 95). Für die Faulheit aber wählt er Wenzel den Faulen, der bekanntlich nur deshalb das Petschaft erfunden haben soll, um der Regierungslast des Unterschreibens von Urkunden enthoben zu sein (Abb. 96). Das Bild ist mit gutem Humor entworfen. Herr Wenzel regiert bequem im gepolsterten Lederstuhl, hat überdies noch Kissen unter die Arme gelegt und seine kaiserliche Krone auf der Kante des Lehnstuhles aufgehängt, wie ein guter Hausvater wohl sein Mützchen dort aufhängt. Seinen Partner im Dambrettspiel langweilt selbst dieser schwierige Regierungsakt, denn faul und gähnend blickt er ihm zu. Ringsum sind Speisen aufgestellt und die Becher fehlen nicht. Ein Page bringt eine kleine Säule, auf welche das zu unterzeichnete Pergament gelegt wird, der Kanzler hält das Petschaft und mühsam hebt Wenzel die faule Faust, um sie auf das Petschaft niederfallen zu lassen. Der Narr aber im Hintergrunde ist offenbar begeistert darüber, daß sein fauler Herr so fleißig war, diesen Gedanken zu fassen.

Abb. 100. Totentanz. III. Entwurf. Aufreizung zum Aufstand.
Verlag der Photographischen Gesellschaft in Berlin.

Aus Frankfurt stammt wohl auch noch die „Bändigung des Pferdes durch die Phrygier,“ ferner eine Allegorie nach Aristophanes' „Fröschen“. Dann tritt als echt Rethelsches Werk ein grausiges und phantastisches hinzu. Es ist der „Fahnenträger.“ Das Heer der Hohenstaufen ist besiegt, in der Ferne erblicken wir die Krieger, die überwunden knieend ihre Waffen vor dem Feinde niederlegen. Nur der Fahnenträger wollte die Schande nicht überleben; er hat das Fahnentuch vom Schaft gelöst und sich damit umwindend springt er herab von felsiger Höhe in die brausende Flut (Abb. 97). Es ist offenbar, daß Rethels Stärke nicht in der Darstellung des Zuständlichen, sondern des Geschehenden lag. Er besitzt eine merkwürdige Kraft, Handlungen wiederzugeben, und zwar Handlungen der Energie, der Leidenschaft auch des Grausigen und Dämonischen. Wie nichtssagend ist jener kleine Entwurf des Altarbildes von 1843, den wir früher schilderten und auf der er die friedliche Stille der Hirtenanbetung des Christkindes darstellen wollte. Er ist eine jener Naturen, die sich im Wirbel großer Ereignisse glücklich zu bewegen wissen, das stille Glück genügsamen Daseins nicht so zu schildern vermögen. Aber je toller es hergeht, je mehr alle Leidenschaften entfesselt sind, je gewaltsamere Thaten sich ereignen, um so mehr glückt ihm die Wiedergabe derselben. Als jugendlicher Künstler hatte er als echter Rheinländer für Schwarz, Rot, Gold geschwärmt, demokratische Lieder gesungen und republikanischen Stolz vor Königsthronen gepriesen.

Als im Jahre 1848 die Freiheitsbewegung zur Flamme aufloderte, der Straßenkampf ausgebrochen war, da hatte längst in ihm die ästhetische Natur den Sieg über die Jugendträumereien davongetragen. Die rohe und brutale Wirklichkeit entsprach nicht seinen Träumen von heroischem Kampfe gegen die „Tyrannei.“ Er hatte von einer bürgerlichen Demokratie geträumt, der rote Kommunismus aber stieß ihn ab und auch sonst waren ihm die Augen über manches aufgegangen. Er sah sehr wohl, daß jener verlorene Haufe, der von den regulären Truppen niederkartätscht unter der roten Fahne fiel, doch nur bestimmt war, für andere die Kastanien aus dem Feuer zu holen. Aber sein Mitleid für den bethörten Haufen wurde wieder erstickt durch seinen Haß gegen die Bethörer, die mit wohlfeilen Phrasen den Sieg über Natur und Vernunft davongetragen hatten.

Abb. 101. Totentanz. Entwurf. Der Tod reicht dem Volke das Schwert. (Verlag der Photographischen Gesellschaft in Berlin.)

Kurz, in den Barrikaden-
kämpfen sah er nicht den
Sieg der demokratischen
Ideen, sondern eine unheil-
volle Verirrung, einen wider-
sinnigen Gewaltakt, eine ver-
fehlte Lösung der Frage.
Man darf auch nicht ver-
gessen, daß zwischen dem
jungen schwärmerischen und
vermögenslosen Kunstakade-
miker und dem ernsten, in
bester Gesellschaft verkehren-
den und verhältnismäßig gut
gestellten Künstler des Jahres
1848 ein starker Unterschied
bestand. Höchst zugänglich
allen äußeren Eindrücken
machte er die Anschauung

der ihn umgebenden Gesellschaft zu der seinen
und entwarf 1848 (nicht 1849) jenes großartige politische Lied in Bildern, das unter
dem Titel „Ein Totentanz aus dem Jahre
1848" die Schrecken der Revolution schildert
(Abb 98—103). Die sechs Entwürfe zeichnete er sofort auf den Holzstock, worauf sie
in Bürkners Atelier geschnitten und von Rethels Freund Robert Reinick mit begleitenden
Versen versehen wurden. Rethels Biographen
erzählen, der Totentanz sei unter den Eindrücken der Dresdener Mairevolution von
1849 entstanden. Das ist sicher unrichtig.
Im Frühjahr 1849 waren die Zeichnungen

auf dem Holzstock vollendet, und spätestens kurz
nach dem Mai müssen sie erschienen sein. So
berichtet Rethels Witwe: „Der Totentanz
wurde in diesem Winter (1848/49) in Dresden unter seiner Leitung in Holz geschnitten.
Die ersten Probeabdrücke lagen in seinem
(Rethels) Atelier, als in den Maitagen 49
die Insurgenten auch bei ihm eindrangen,
um, wie in vielen Straßen, in den hoch-
gelegenen Wohnungen die Mauern zu durch-
brechen und von einem Haus zum anderen
sich die Wege zu bahnen. Die reaktionäre
Tendenz des Totentanzes fürchtend, verdeckte
er schnell die Blätter und holte für die
Sensenmänner an-
dere Bilder hervor,
Kupferstiche von den
Helden der franzö-
sischen Revolution,
die er grade besaß
und welche die Män-
ner, die neugierig
Umschau hielten,
auch befriedigten, so
daß sie sich ohne
weitere Belästigung
wieder entfernten.
Dieses kleine Erleb-
nis habe ich ihn selbst
erzählen hören."

Nun sind aus
den Maitagen aber
Briefe Rethels er-
halten, in denen er
von alledem nicht ein

7*

Wort sagt. Er rühmt, daß sein Atelier einsam am Rande der Stadt fern von allen Kämpfen liege, die er nur von weitem toben höre. Er arbeitet indessen an seinem der Revolution sich erwärmt. Dienstag, 8. Mai schreibt er: „Vor ein paar Stunden hat sich die entsetzliche Katastrophe in hiesiger Stadt zu Gunsten des Militärs entschieden

Abb. 104. Der Tod als Erwürger. Tuschzeichnung.
Verlag der Photographischen Gesellschaft in Berlin.

Karton für Aachen, nach dessen Vollendung er sofort die unglückliche Stadt verlassen will.

Sollte hier sich ein Mythus gebildet haben oder Rethel eine Verwechslung untergelaufen sein? Noch auffallender ist, daß Rethel in seinen Briefen für die Sache — ein großes herrliches Werk zur Ehre Deutschlands ist unter der kaltblütig berechnenden Militärgewalt unter den Säbel gesunken! Ich sah der Entstehung dieser Bewegung mit Mißtrauen zu und erwartete rote Republik, Kommunismus mit allen seinen

Konsequenzen — allein es war wahrhaftig allgemeine Volksbegeisterung im edelsten Sinne zur Herstellung eines großen edlen Deutsch-lands, eine Mission, die ihnen Gott in die

sich nun in seinen Briefen für die Sache des Volkes. Echtes Künstlertemperament. Jedenfalls — der Totentanz — war ihm nicht allein ein politisches Programm — auch

Abb. 105. Der Tod als Freund. Tuschzeichnung.
Verlag der Photographischen Gesellschaft in Berlin.

Brust gelegt und nicht durch das radikale Geschwätz schlechter Zeitungen und Volks-redner hervorgerufen worden."

Offenbar regte sich in Rethel im Anblick der Kämpfer die alte demokratische Jugend-stimmung und er, der soeben dieses Hohnlied gegen die verräterischen Volkstribunen und das rote Gespenst entworfen hatte, begeistert

eine künstlerisch fruchtbare Idee, und deshalb war er nicht vergänglich, wie politische Flug-blätter, sondern ewig, wie echte Kunstwerke.

Dieser Totentanz ist Rethels höchste, weit über alles hinausragende Schöpfung. Ein zeitgenössisches Ereignis und in zeit-genössischem Kostüm, von scharfer, durchaus persönlicher Auffassung, grimmigem Humor und bitterer Satire getragen, so steht der Totentanz einsam unter den Werken jener Zeit, die das Gegenwärtige nur süß und gefällig, das Vergangene nur poetisch darzu- eines mit ganz moderner Nervosität arbeiten- den Künstlers. Diese Bilder waren nicht ausgeklügelt, sie beruhen nicht auf einer künstlichen Reizung der Empfindung, wie so

Abb. 106. Der Tod als Diener. Zeichnung.
(Verlag der Photographischen Gesellschaft in Berlin.)

stellen geneigt war. Und dieser Zug des Modernen, der aus dem Cyklus uns anweht, der läßt es immer mehr als ein Meister- werk erkennen. Aber die Stimmung, die jenes Grauen und jenes dämonische Trium- phieren des Allvernichters so erschütternd aus- zusprechen vermochte, sie konnte nur aufsteigen aus der Tiefe eines auserwählten Gemütes, viele moderne Totentänze. Sie entsprangen einer toderusten Stimmung, schweren Erleb- nissen und bitterer Erfahrung. Darum eben sind sie so schauerlich, so tief innerlich packend, so furchtbar wahr.

Als besonders glücklich darf man be- zeichnen, daß er gegenüber der Wucht der Thatsachen das allegorische Element, zu dem er in seinen letzten Jahren bedenklich neigte, einzuschränken oder in Gestalt des Todes selbst zur äußersten Wirklichkeit zu steigern mußte. Zug um Zug entrollt sich in wenigen großen Bildern das Schreckliche jener Zeit und die halb tiefsinnigen, halb kindlichen Verse Robert Reinicks begleiten seltsam genug jene in lapidarem Stile vorgetragenen Berichte.

Die Erde thut sich auf, und die letzten Erdbrocken von sich abschüttelnd steigt der Tod aus der Tiefe, um von List, Lüge, Tollheit, Eitelkeit und Blutgier ausgerüstet zu werden zum Kampfe gegen die Gerechtigkeit, zur Vernichtung der Menschheit. Dann folgt jenes gewaltige Blatt, das mit dem Schlußbilde zusammen als eine der größten Thaten der Kunst überhaupt

Abb. 107. Straßenkampfscene. Skizze. Aachen, Städtisches Museum.

betrachtet werden darf, neben Dürer, Cornelius und Holbein unmittelbar Alfred Rethel in der Kunstgeschichte des deutschen Volkes stellt.

Mit ein paar Strichen wird eine im Morgensonnenscheine friedlich liegende Stadt geschildert. Hoch ragen die Türme des Domes, aus Schornsteinen zieht in die klare Luft friedlicher Rauch, in sanften Schwingungen führt die Landstraße zu der ummallten Stadt. Im Vordergrunde naht ein Reiter auf schwerem Gaul. Abgehetzt erscheint das Tier und doch immer noch weit ausgreifend jagt es der Stadt zu, denn der Reiter setzt ihm die Sporen ein. Und welcher Reiter ist das! Ein Gerippe. Von einem weiten Faltenrock sind die Glieder umschlossen, ein

Demokratenhut mit Kokarde und Feder ist auf den Schädel gestülpt, die Sense hat er über die Schulter geworfen und eine Wage trägt er in der Hand. Und wie reitet er! Wie sieht man die dürren Knochen bei jedem Stoße des harttrabenden Gaules emporfliegen, sieht, daß er, weit sich vorbeugend, dem pfeifenden Winde trotzt, daß er dem Gaul die Zügel läßt und doch mit Ungeduld seinem Vernichtungswerk zueilt. Wie diese schauerliche Karikatur so drohend dahintrabt durch den stillen Frieden der Landschaft, das packt uns im Innersten. Erschreckt fliehen die Landleute vor dem einsamen wilden Reiter, und selbst die Raben, denen er Beute bringen will, flattern krächzend davon.

So ist er in die Stadt eingeritten, und den Mantel um sich hüllend, den Hut tief ins Gesicht drückend, steht er in den Gassen vor einer Winkelkneipe, an der die stolzen und mißbrauchten Worte: „Freiheit, Gleichheit und Brüderlichkeit" prangen. Gaffend umringt den Geschwätzigen das Volk und mit einem albernen Witz reizt er sie auf. Ein Kräulein legt er in die eine Schale der Wage, einen Pfeifenstiel in die andere. Dann nimmt er die Wage an der Zunge statt am Ring, und das dumme Volk ist entzückt über diesen Beweis, daß eine Krone jetzt nicht mehr als ein Pfeifenstiel wert ist. Begeistert wählen sie ihn zum Anführer. Und wirklich sind sie die Angeführten.

Auf dem Markte ist die Tribüne errichtet, da steht der Tod, kolossal, ungeheuer, als der Herrscher über die Menge, ein kräftiger Schmied im Schurzfell neben ihm, die Fahne der Republik in der Faust. Da entblößt der Tod sein Haupt und reicht dem Volke das Schwert der Volksjustiz, damit es sich selbst Recht verschaffe. Und wahnsinnig schreiend, sich drängend, packen sie nach diesem Schwerte.

Da unten die tolle, tobende Masse in ausbrechenden Wahnsinn der Todesbegeisterung und hoch über ihr das gewaltig sich aufreckende Bild des Mannes, dem um die schlobbrigen Glieder der lange, mit der Schärpe umgürtete Rock fällt, dessen klapperndes Gebein in hohen Reiterstiefeln steckt. In der Ferne ziehen Truppen heran, er aber führt sie hinauf auf die Barrikade. Geschütze sind aufgefahren und die Granaten schlagen zwischen die steingefüllten Fässer. Steine fliegen, Balken und Männer werden emporgeschleudert, um zerschmettert niederzufallen. Aber vor ihnen frei auf der Barrikade steht er, der ihnen das Versprechen gegeben, daß sie alle ihm gleich werden sollen, steht der Tod. Wie aus diesem Schädel der Ausdruck frecher, trotziger Verachtung spricht, wie er breit und gespreizt, seine Fahne in der Faust, dort auf der Barrikade trotzt und mit fürchterlichem Grinsen, während der Sturm den Mantel ihm zerrt, seinen Rock zurückschlägt, so daß das Gerippe der Wirbelsäule und des Beckens unter dem Gewande sichtbar wird, da durchzuckt uns die Gewißheit, daß nur der Tod hier Sieger bleibt.

So hat er sie hineingeführt in das Verderben. Und nun der Schluß. Auf der Barrikade Leichen und Waffenreste, in der Ferne rauchende Trümmer eines niedergebrannten Hauses, der Schwaden des Brandes zieht schwer durch die Straßen. Hier und dort Tote. In der Ferne durch die Straßen schreitende Patrouillen und Soldaten, die ihre gefallenen Kameraden davontragen. In der Mitte aber hat der Tod sich in seiner ganzen fürchterlichen Gestalt enthüllt, und auf dem matten Klepper reitet er höhnisch auf die Höhe der Barrikade hinauf; die Fahne der Republik umrauscht ihn, der Lorbeer des Siegers schmückt den kahlen Schädel, und so, triumphierend wie ein siegreicher Feldherr, zieht er schwerfällig heran. Da fährt einer der Verwundeten auf der Barrikade empor und mit Erstarren erkennt er es. Hoch zu Roß als Sieger zieht dort ihr Führer, der Verwesung Hohn im Blick, der Held der roten Republik, der grauenvolle Vernichter, der starre Tod. An dem Erfolge dieses Bildes hat übrigens die so recht holzschnittmäßige Zeichnung ihren vollen Anteil, diese rauhen, einfachen, breiten Linien des Holzschnittes,

die so machtvoll geführt sind, diese von der
Sonne bestrahlte Gestalt des schrecklichen
Siegers, die so gegen den dunklen Hintergrund der Gebäude abgesetzt wurde, wodurch
er eine malerische Wirkung ersten Ranges
mit geringen Mitteln erzielte.

Rethel besaß eine Phantasie fast ohne-
gleichen. Die Entwürfe sehen aus, als
seien sie ohne alle Änderung unmittelbar
nach der ersten Eingebung so hinskizziert,
als sei eine Änderung gar nicht denkbar.
Und doch hat er sie auf das sorgfältigste
vorbereitet. Zu seiner vollen Größe aber
entfaltet sich seine Phantasie in der Behandlung des Knochenmannes. Wie der
lebendig erscheint, wie das Gerippe jede
Bewegung eines Muskelkörpers so täuschend
zum Ausdruck bringt, wie merkwürdig das
Hängen der weiten Kleider, der hohen Reiter-
stiefel an dem Gebein, das Umschließen
derselben zur menschlichen Form und doch
wieder das Durchblicken des Gerippes dargestellt wird! Auf dem vierten Bilde beugt
sich der Tod vor, man sieht die Rückenwir-
bel und den breiten Beckenrand. Man
sieht, wie die um den Leib geschlungene
Schärpe um ein Nichts sich legt. Und
doch lebt und bewegt sich die Gestalt und
ist immer neu im Ausdruck. Auf dem
Gaule echt reitermäßig trabend, mit der
Beweglichkeit eines Jongleurs seine Kunst-
stücke machend, mit der hoheitsvollen Ge-
bärde eines Herrschers über die Masse das
Schwert darreichend, frech gespreizt und
drohend auf der Barrikade und endlich
lässig behaglich auf dem Gaule als Sieger.
Immer hat Rethel die wunderbare Kraft,
die allerdings nur in allgemeinen Umrissen
und anatomisch zum Teil höchst wunderlich
gezeichnete Knochenmasse so breit und massig
anzulegen, daß sie einem echten Menschen-
körper an Ausdruck in nichts nachsteht.
Daß vollends der Ausdruck des Totenschä-
dels, der Blick der weiten Augenhöhlen, die
Bewegung der zahngefüllten Kiefer auf das
täuschendste die verschiedensten Formen
seelischer Erregung zu spiegeln vermag,
auch dieses Wunderwerk gelang ihm. Aber
gerade bei diesem Cyklus stehen wir wieder
vor der Frage nach den Grenzen von Genie
und Wahnsinn. Denn eine fast aus Wahnsinn grenzende Kraft der Leidenschaft
und des Todesgrauens wird vor uns entfaltet. Und doch muß man denen wider-

sprechen, die ein Vorahnen künftigen Leidens hier entdecken. Daß eine, viel stärker
als die gemeine menschliche Phantasie ge-
reizte geistige Kraft bei dem geringsten zuviel der Reizung zusammenbrechen kann,
das erscheint wohl erklärlich. Aber bis zum
Momente des Zusammenbruches ist Rethel
als Mensch wie als Künstler keineswegs
übernormal oder gar abnorm. Nicht für
beginnenden Wahnsinn sind diese Blätter
bezeichnend, sondern für das, über gewöhn-
liches, menschliches Maß hinaus gesteigerte
Empfindungsleben des Künstlers ist sie uns
ein Zeugnis. Indem die künstlerische Psyche
die Ansprüche an die Leistungsfähigkeit des
Organismus immer höher und höher stei-
gerte, mußte schließlich einmal der Moment
kommen, in dem die physischen Kräfte den
psychischen Anforderungen nicht zu genügen
vermochten, der Organismus versagte. Nicht
der Wahnsinn bereitet sich hier vor, sondern
die Bedingungen, unter denen derselbe durch
Überanstrengung des Gehirnes zum Ausbruch
kommen kann, steigern sich. Rethel war ja
auch nicht irrsinnig, er wurde schwachsinnig.

Abb. 109. Kalenderbilder. Das Jahr 1851.
Zeichnung.

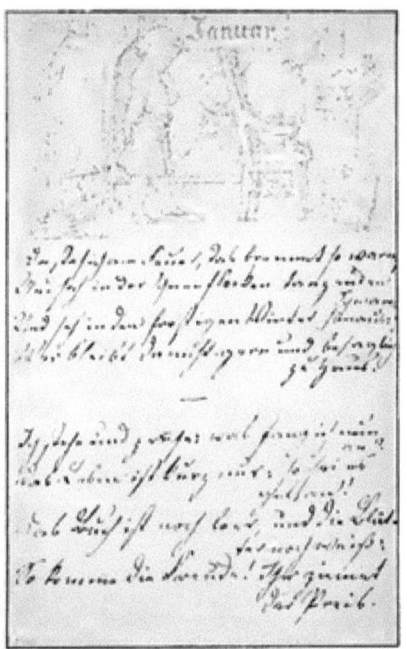

Abb. 110. Kalenderbilder. Januar. Zeichnung.

Sein Leiden bestand in Gehirnerweichung, im Schwinden dieses Organes.

Es ist ein schauerliches Thema, das wir in Rethels Lebensgeschichte behandeln, diese Frage, ob Genie einen im Keime vorhandenen Irrsinn darstellt oder ob es nur die Vorbedingungen ergibt, unter denen der Ausbruch desselben erleichtert wird, etwa in der Art, wie jedes ungewöhnlichen Strapazen unterworfene und dadurch geschwächte Organ den Angriffen von Krankheiten leichter ausgesetzt ist, als ein weniger belastetes. Wer die Größe der Empfindung, die Ruhe und Klarheit der Komposition und Zeichnung, die einfache Darstellung, denn nur durch Einfachheit konnte er so monumental gestalten, wer das in allen diesen Blättern beobachtet, der wird beistimmen, daß niemals ein krankhaft verwirrter Geist sich so groß, so ruhig, so wohlberechnend in seinen Effekten, so sicher in der Erreichung seiner Absichten aussprechen kann. Gewiß, um diese Kompositionen zu gestalten, mußte er selbst sein ganzes Empfindungsleben auf das alleräußerste anspan-

nen, zur allerhöchsten Konzentration, zur völligen Erschöpfung seiner gestaltenden Kraft zwingen. Aber mit Wahnsinn oder Irrsinn hat das keinen Zusammenhang. So glaube ich, daß in diesen Blättern das höchste Können seines völlig klaren und von gewöhnlichem Durchschnittsempfinden losgearbeiteten Geistes glänzend sich offenbart.

Daß bei Alfred Rethel die Ereignisse des Jahres 1848 gerade in der Form eines Totentanzes sich künstlerisch niederschlugen, ist erklärlich. Schon vor dem Cyklus „Auch ein Totentanz" hatte Rethels Phantasie ein ähnliches Thema beschäftigt. Die ganze Anlage und Behandlung des Gerippes ist überhaupt inspiriert, was kaum ausgesprochen zu werden braucht, von Holbeins kleinen, aber so inhaltsreichen Totentanzbildern. Als Rethel einst davon hörte, wie in Paris die Cholera seiner Zeit ganz plötzlich auf einem Maskenballe ausgebrochen sei, da schuf er 1847, angeregt durch Holbein und Burgtmair, das Bild „der Tot als Würger" (Abb. 104), dem er aber eine so große, neue, eigene Empfindung verlieh, so seltsame und neue Gedanken zufügte, daß es als etwas ganz Selbständiges und mit jenen Renaissancewerken eben nur ganz äußerlich durch das Motiv Verbundenes uns entgegentritt. In einem schwerfälligen alten Steinbau ist das Maskenfest gefeiert. Welches Leben mag im Saale geherrscht haben, welch tolles Treiben! Und nun sieht Rethel mit einem Schlage alles verändert. Durch den leer gewordenen Saal schreitet der Tod im Domino, die Maske, unter deren Schutz er mitten unter Menschen geweilt, hat er herabgerissen und mit grausamem Hohne schreitet er zierlich tänzelnd über die Diele und siedelt auf ein paar Totenbeinen. Im Hintergrunde aber des leer gewordenen Saales sitzt eine scheußliche Mumie, aufgerichtet, starr hinausblickend, eine Geißel in der Faust, die Cholera. Zur Rechten drängen die letzten auf den Tod Erschrockenen in Hast hinaus, zur Linken schleichen sich die Musikanten von der Tribüne, mit aufgerissenen Augen nach jener Todesgestalt hinblickend, die im Saale ihr scheußliches Knocheninstrument spielt. Hier und da liegen Leichen. Im Todeskrampfe zuckend links ein Harlekin, das Antlitz zur Hälfte noch von der lächerlichen Maske bedeckt, während darüber die rollenden Augen starr herausschauen, das Haar sich sträubt und die Hände ins Gewand sich krallen.

Wie ein fürchterlicher Schlag auf unsere Nerven muß es uns durchzucken, wenn wir dieses Bild unserer Erinnerung vorstellen, und doch war es schon im Winter 1847 auf 1848 entworfen. Nun vergleiche man damit das im Jahre 1851 komponierte Bild „Der Tod als Freund" (Abb. 105), jene so berühmt gewordene Darstellung des müden, greisen Thürmers, der hoch oben in seiner Glockenstube friedlich zum ewigen Schlummer hinübergegangen ist. In dem hohen lederbeschlagenen Lehnstuhle ist die Gestalt zusammengesunken, die fleißigen Hände sind in den Schoß gefallen, über das tief liegende Auge sind die Lider hinabgesunken; erschreckend und tief bewegend ist es dargestellt, wie des alten Mannes Leib müde zusammenbricht. Draußen aber über die Brüstung des Turmes hinweg, blicken wir in die stille weite Landschaft hinaus, an deren Horizont der große Sonnenball die letzten langen Strahlen verschießend zur Ruhe hinuntersinkt. Als Pilger ist zu dem Greise der Tod hinaufgestiegen in die stille Glockenstube. Das Glockenseil hat er erfaßt, und das Haupt wie in leiser Trauer neigend, zieht er am Strange, daß sanft und milde das Abendglöcklein dem seiner Pflicht getreu Dahingestorbenen zum Sterbeglöcklein werde.

Jeder wird diese Todesgestalt als eine rührende, fast möchte ich sagen tröstende empfinden. Der unendliche Frieden, der über den Raum und über den Entschlafenen gebreitet ist, hat etwas so Wohlthuendes, so Beruhigendes und Verklärtes, daß angesichts dieses Bildes kein Zweifel bleibt, daß nur eine reine, klare Künstlerseele dieses Friedensbild geschaffen haben kann. Wer möchte vor diesem Bilde wagen, davon zu reden, daß sein Schöpfer es im beginnenden Wahnsinne geschaffen?

Noch einen dritten Entwurf für ein Totentanzbild besitzen wir von ihm, der aber nicht wie die beiden vorigen im Holzschnitt veröffentlicht worden ist. Er stellt einen Recitator dar, der in einer großen Gesellschaft vor einem Lesepult stehend deklamierte (Abb. 106). Offenbar hat Schwäche ihn angewandelt, ein Diener ist herangetreten und hat ihm aus einer Flasche Stärkung dargereicht. In

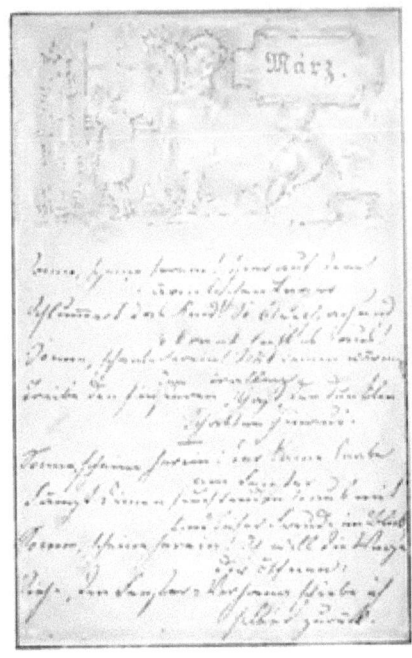

Abb. 111. Kalenderbilder. März. Zeichnung.

diesem Momente bricht der Mann zusammen, das Lesepult stürzt um, ein Danebenstehender springt hinzu, um den Sterbenden aufzufangen, entsetzt fliehen die Hörer auseinander, und nur der Diener bleibt ruhig in der Mitte des Bildes stehen, blickt starren Blickes und höhnisch auf den Sterbenden hinab, denn es ist der Tod, der jenem den letzten Trunk dargereicht. Das Ganze spielt im Garten einer Villa. Übrigens, wer den Entwurf mit den in Holz geschnittenen früher besprochenen vergleicht, wird zugeben, daß er nicht so durchschlagend, nicht so ausgereift eine Situation unmittelbar ausspricht, wie jene anderen: wird sehen, daß Rethel hier nicht jene äußerste Konzentration erreichte, die in den übrigen Totentanzbildern als Zeichen höchster Vollendung uns bemerkbar wurde. Die Scene ist mehr anecdotisch, weniger typisch, und thatsächlich beruht sie auch auf einem persönlichen Erlebnis. Im Hause des Dr. Carus war Rethel zugegen, als einen Vorleser, dem ein Diener soeben ein Glas Wasser darreichte, ein Schlaganfall traf.

Abb. 112. Kalenderbilder. Mai. Zeichnung.

Noch unbekannt ist endlich der Entwurf aus dem mehrfach besprochenen Aachener Skizzenbuch (Abb. 107). Vermutlich eine Erinnerung aus dem achtundvierziger Jahre, den Moment darstellend, wo Arbeiter einen im Barrikadenkampfe gefallenen Genossen davon tragen.

In den Totentanzbildern hat Alfred Rethel sich als moderner, ganz moderner Mensch erwiesen, und doch über das Alltägliche und Vergängliche durch das ewig Gültige dieser Todesgedanken sein Werk hinausgehoben. Dies furchtbare memento mori, neben dem auch der berühmte trionfo della morte zu Pisa an unmittelbarer Wirkung zurücktritt, scheint mir den Moment seines höchsten und reifsten Schaffens darzustellen, wenn überhaupt solche Vergleiche, die doch nur wenig Wert haben, einmal angestellt werden sollen.

Doch kehren wir zurück zu Rethels äußeren Lebensschicksalen, für die wir aus jenen letzten Jahren des Künstlers neben zahlreichen Briefen eine vortreffliche Quelle in der Selbstbiographie der Gattin Re-

thels besitzen, die, im Jahre 1892 niedergeschrieben, bisher nicht bekannt war.

Im Winter 1849 auf 1850 lernt er in Dresden in einer Gesellschaft die Tochter des wohlhabenden Dresdener Malers Grahl kennen. Er hat offenbar sogleich eine tiefe Neigung zu ihr gefaßt, scheint aber zunächst von seiten der Eltern abgewiesen zu sein, denn die Briefe aus dieser Zeit und aus dem Sommer 1850, den er wieder in Aachen arbeitend verlebte, sind von einem fassungslosen Schmerze und tiefer Kümmernis erfüllt.

Zu den schweren Lasten, die ihm die Aachener Freskomalerei auferlegte, zu dem Kummer um sein verlorenes Dresdener Glück scheint dann eine Unbesonnenheit hinzugekommen zu sein. Vereinsamt, wie er war, fand er in einem durch seine Schönheit berühmten, aber gesellschaftlich nicht hochstehenden Mädchen, der Leiterin eines Restaurants in Aachen eine Trösterin. Rethel, der alles ernst nahm, sittlich durchaus rein dastand, hatte sogar zeitweise die Absicht, sie zu ehelichen, woran er aber durch Zuspruch seiner Freunde und Verwandten gehindert wurde. Es war erklärlich, daß diesem, offenbar durchaus idealen Verhältnis von anderen gerne unlautere Motive untergeschoben wurden.

So machte ihm denn die bevorstehende Hochzeit seines Bruders Otto seine Einsamkeit doppelt fühlbar und veranlaßt ihn zu Klagen über sein Unglück in der Liebe, ja zu ganz übertriebenen, krankhaften Schmähungen gegen sich selber. Im Herbst 1850 schreibt er an seine Mutter: „Liebe Mutter! In meiner ernsten, angestrengten Zeit ist es mir ein wohltuendes Gefühl, in dem übrigen Kreise meiner Angehörigen eine heitere, frohe Stimmung zu wissen, zunächst herbeigeführt durch das frohe Ereignis, welches sich über Otto zu entwickeln beginnt . . . .

Das ist für mich ein beruhigender Gedanke, um so mehr, als von meiner Seite in dieser Beziehung so wenig zu erwarten ist — was ihn überglücklich macht und noch mehr machen wird, hat die wärmeren Gefühle in meinem Herzen zerstört — wohl habe ich auf ähnliche Weise wie Otto gefühlt, mein Herz war nur allzu weich — das Glück und die Üppigkeit meiner Jugendjahre schlä-

ferte ein, wo ich hätte wach sein sollen
— entschiedenes Unglück hatte und habe
ich noch in dieser Beziehung — ich glaube
nicht, daß es je anders werden kann, so-
lange ich liebend fühle — ist dieses in
mir getötet, so tritt wieder Ruhe ein,
freilich mit Aufopferung eines edleren
inneren Menschen, und in dieser traurigen
Hoffnung wendet und klammert sich mein
ganzes Heil, Verlangen und Hoffen hier
auf Erden an meine Kunst — sie muß
heilen und mich einstens wiederaufrichten
und mit warmem Dank gegen den Himmel
erfüllen, der es gewiß stets gut mit mir
gemeint! — in diesem Zustand, liebe
Mutter, liegt der einzige Grund meiner
trüben gereizten Stimmung, nur hierin
suche den Anlaß zu allem krankhaft un-
natürlichen Beginnen meiner letzteren Le-
benszeit — manches Böse und Unrechte
ist so entstanden, wo abgesehen von der
quälenden Reue die bitteren Folgen mich
bis zur Stunde noch verfolgen und mich
nicht verlassen werden, wofern nicht die
liebende Gnade Gottes ein Halt ausspricht! — Du kannst denken, liebe Mutter, daß bei solchem Zustande die große
anstrengende Arbeit mir eine sehr wichtige
Zerstreuung ist — auf meinem Gerüst
ist es mir am wohlsten und knüpfen sich
ja auch heitere Aussichten an dieses Unternehmen, welche, wie Du ganz richtig
bemerkst, sich zunächst auch unserem lieben Bräutigam zuwenden sollen — in
dieser Beziehung habe ich einen Plan im
Kopfe, den ich im Herbste nach reiflicher
Überlegung Dir mitteilen und alsbald auch
ausführen werde, nach welchem die Heirat
Ottos nicht gar zu lange sich hinausschieben
dürfte — ist dieses Ereignis durch meine Hilfe
endlich herbeigeführt, so sehe ich dieses als
eine Sühne meiner Vergehungen an, und
wird mir es alsdann wieder wohler werden...

Dein Sohn

Alfred Rethel.

Der vorgenannte Plan läuft, wie aus einem anderen Briefe ersichtlich, darauf hinaus, Holzschnittwerke, z. B. eine neue To-
tentanzfolge, selbst zu verlegen, wobei Bruder Otto die geschäftliche Leitung haben soll.
In dieser Stimmung mag er den Winter
1850/51 nicht wieder in Dresden verleben.

Abb. 113. Kalenderbilder. September.
Zeichnung.

Er geht nach Berlin. Aber nach kurzem
Aufenthalt daselbst zieht es ihn sichtlich
wieder nach Dresden zurück. Wie schwankend und unstet er in der Unruhe seines
Herzens ist, wie er sich selbst Vorwände
schafft, um diesen Schritt zu begründen, wie
er doch wieder seinen nächsten Verwandten
gegenüber jenen Herzenszug hinwegleugnet
und die Sache als erledigte Bagatelle darstellt, das ist in einem Briefe Rethels an
seine Mutter, datiert Dresden, 7. November
1850 nachzulesen:

„Liebe Mutter!

Mein Winteraufenthalt wird Dresden
sein. Mit der Absicht, — in Berlin zu
bleiben, reiste ich von Düsseldorf ab — unbe-
stimmt waren meine Beweggründe zu diesem
Vorhaben: erst in Berlin sollte mein Plan
bestimmte Form und Gestalt bekommen —
mit großer Spannung kam ich nun dorthin
und muß gestehen, daß der allgemeine Eindruck dieser Stadt meine Erwartungen weit
übertroffen hat, — jedoch war ich wohl

December.

Abb. 111. Kalenderbilder. Dezember.
Zeichnung.

nicht in der geistigen Verfassung, mich wieder ganz allein ohne alle nähere persönliche Beziehungen in dieser Weltstadt, dem düsteren Winter entgegengehend, zurecht zu finden, und nachdem ich das viele Große und Schöne in der Kunst dort gesehen, die schöne Stadt in ihren Hauptteilen näher kennen gelernt hatte, kam natürlich die Frage, wie es dann aber mit deinem Gemütsleben für diesen Winter hier aussehen würde, und da wollte mir kein behaglicher Gedanke kommen — ich war zwar bei alten und neuen Bekannten herzlich und teilnehmend aufgenommen worden, und es fehlte mir nicht an Auszeichnungen, allein die Welt ist dort erdrückend groß und weit. Stundenweit von einander entfernt wohnen, die ich besuchte, an ein künstlerisches Zusammenleben wie an anderen Orten war nicht zu denken, die nächsten Bekannten sahen sich monatlich nur einmal — was nun endlich die höheren Bekannten anging wie von Olfers rc., so sind die Leute auch in der Hauptstadt anders als wie in der Provinz und wurde mir eigentlich nir-

gends eine heilende und praktische Aufmunterung zu teil, in Berlin mich niederzulassen — dazu kam noch die allgemein gedrückte politische Stimmung — genug, für die wenigen Monate war mir die Aussicht in Berlin nicht ermunternd genug und so schloß ich mich meinem Freunde Degen und Müller von Düsseldorf, welche ebenfalls zum Besuch dort waren und hierher reisten, an und langte vorgestern mit einem recht behaglichen Gefühl hier im schönen Dresden an. Abgesehen von dem Gefühl, daß ich im ganzen gerne hier bin, und der Grund meines letzteren Unbehagens hier in Dresden sich verwischt und einer vernünftigen Einsicht Raum gibt, habe ich die Überzeugung, daß ich meinem rein künstlerischen Interesse hier mehr leben kann, namentlich in Bezug auf die projektierten Holzschnittunternehmungen ich werde in einer behaglichen Stimmung mich bald zum Komponieren geneigt fühlen, und habe hier die ausgezeichnetsten Mittel zur Ausführung, wovon mein Totentanz ein Zeugnis liefert. Da ich keinen Karton zu machen habe, werde ich einmal wieder als Künstler mich ganz in meiner Kunst nach meiner Lust und Bedürfnis ergehen, und das wird auf mein Gemüt gewiß einen sehr guten Einfluß ausüben — es war in den letzten Jahren zu viel Zwang in meinem künstlerischen Schaffen. Wie ich hier allerwärts empfangen wurde, bestätigte mein Verlangen hierher vollkommen, namentlich bei Bendemann, Hübner und bei von Schnorr — letzterer teilte mir gleich etwas sehr Ehrenvolles für mich mit, wovon ich noch nichts wußte, daß ich neulich an der Münchener Akademie zu ihrem Ehrenmitglied ernannt worden bin, und die mir vorgelegte Zeitung bestätigte die Aussage, also die erste öffentliche Auszeichnung. Überhaupt hat es das Aussehen, als wolle sich doch meine Zukunft in einer süddeutschen Stadt entwickeln; nun, wie Gott will — Nach Berlin glaube ich nicht, daß ich bleibend hinkommen werde. — Otto, wie es demselben ergeht, kann ich mir schon denken! Noch eins, liebe Mutter, teile der Emma meine hiesige Herzensgeschichte mit, auf daß Ihr sie alle wißt, das Unglück scheint eben nicht sehr groß zu sein und verdient den Namen viel

Lärm um nichts! Nun lebe recht wohl, liebe Mutter, und gedenke in alter Liebe

Deines Sohnes

Alfred Rethel.

In Dresden hatte Rethel sich einen großen Freundeskreis geschaffen, der ihn, ungeachtet seiner oft trüben und unfreundlichen Stimmung, wohl einer Folge des abgelehnten Antrages, aufrichtig schätzte, wie aus nachstehendem Satze eines Briefes hervorgeht, den der Maler Schnorr von Carolsfeld aus Dresden am 30. September 1850 nach Aachen sendet: „Bei alledem, daß unser Atelierleben, wie Sie sehen, für nächsten Winter sich günstiger zu gestalten verspricht, thut es mir doch sehr leid, daß wir Ihre Gegenwart dabei vermissen sollen. Glauben Sie ja nicht, daß Ihre Verstimmung während eines Teiles des vorigen Winters das Verlangen nach Ihrer Nähe schwächen konnte. Das Band, welches Menschen zusammenzieht und hält, befestiget und stärkt sich vielmehr, wenn man glauben kann, daß man den Freund und Genossen ein wenig stützen und zu seiner Erheiterung etwas beitragen kann. Auch im Hause werden wir Sie recht schmerzlich entbehren. Man findet wenig Menschen, welche so gleichgesinnt und an das, was uns selbst wert und teuer ist, so anschließend sich zeigen, wie es bei Ihnen der Fall war."

So fand Rethel in Dresden nicht nur die alten Freunde, sondern auch das zerrissene Band wurde wiederangeknüpft. In einem Brief an seinen Bruder aus Dresden (Februar 1851) berichtet er darüber: „Seit ein paar Tagen hat sich unter Gottes Hilfe, wie es scheint, mein ferneres Schicksal entschieden. Ich bin in Herz und Hand und aller Form, vor Gott und Menschen ein glücklicher Bräutigam geworden! . . . . Ich wurde im lieben Dresden allseitig im alten Sinne wieder empfangen, nur jenen Kreis, wo meine Liebe war, mußte ich meiden, aber nur, um bald in direkte Verbindung mit dem Vater meiner Maria zu gelangen — keine Vermittlung eines dritten fand statt, und, lieber Otto, so hat sich ein Glück auf die legalste Weise entwickelt — ich war bald im Hause die Hauptsache fand ich ganz nach Wunsch und was bisher unbewußt und scheu uns bewegte, trat entschieden und frei hervor — ich lernte natürlich die ganze Familie näher kennen, was mich immer mehr in meinem Bemühen bestärkte, besonders auch die Mutter, und den reichen Großvater das Detail wirst Du mündlich näher erfahren — Von allen Seiten aufgemuntert, von den Eltern gerne gesehen, von meinem Herzen beseelt, von meinem Verstande gut gewissen, kam es zu einer „abermaligen Erklärung," wozu mich der Vater selber aufsuchte und veranlaßte, und eine Stunde später lag Marie an meiner Brust — Ringe wurden gewechselt und der liebende Anteil der Eltern, der ganzen Familie, befestigte den Bund! Es war und wird mir ferner ein seliger Tag sein und ist ein kaum geahnter Frohsinn, eine tief entbehrte Ruhe in meine Seele eingekehrt, und fühle mich wie neugeboren. Gestern ist die Verlobung öffentlich geworden und von allen Seiten zeigt sich reger und warmer Anteil an unserem Glücke. Von meiner Marie zu schreiben, das führt jetzt zu weit und bersse ich mich auf das, was ich Dir gelegentlich mündlich von ihr sagte — sie wird auf den ruhigen Beobachter einen bescheidenen, kindlichen, aber auch seinen geistigen Eindruck machen und für mich, ganz abgesehen von dem, was Liebe nur gibt und diese erlernt, wird sie stets unter allen Verhältnissen einen warmen Anteil für meinen künstlerischen Beruf mir bewahren."

Februar 1851 also wird sein Traum erfüllt, und er steht als seliger schwärmender Bräutigam neben Marie Grahl. Den ersten Eindruck, den Rethel auf diese machte, schildert sie selbst: „Kaum mittelgroß, aber den Kopf hochtragend, mit einer Fülle von leicht gelocktem, dunkelblondem Haar, schönem, wohl-

Abb. 115. Amor. Federzeichnung zu handschriftlichen Gedichten der Frau Rethel. Besitzerin: Frau Grahl, Dresden.

gepflegtem Bart, welcher den Mund ganz
verdeckt (nur beim Sprechen zeigten sich die
Zähne), seiner, leicht gebogener Nase, und
die Augen, eigentlich blau, aber mit so
tiefem durchdringenden Blick, daß sie fast
dunkel erscheinen. Ja — wer diesen Blick
gesehen, hat ihn sicher nicht leicht wieder
vergessen!"

Der damals anwesende Berthold Auer-
bach bemerkte bei Rethels Eintritt: „Nun

Aber er war nicht Pedant. Er konnte
begeisternd sprechen, über die Kunst, seine
Ziele, seine hohen Ideale mit Feuer und
Leidenschaft sich äußern und mitten im
Ballsaal darüber, wie bei der Arbeit, alles
vergessen. Er wußte allem eine gewisse
Weihe zu geben, auch das Einfachste mit
einem gewissen Ernst zu thun oder zu sagen,
das Alltägliche feierlich zu erfassen. Seine
vornehme Denkweise äußert sich auch in

Abb. 116. Jahreswechsel. Tuschzeichnung.
Verlag der Photographischen Gesellschaft in Berlin.

wird gewiß getanzt werden." Und es wurde
getanzt, und dabei fanden sich Rethel und
Marie Grahl zusammen.

Wie aus dieser Beschreibung, so sehen
wir aus allen Berichten derer, die Rethel
kannten, daß er überall einen gewinnenden,
aber auch einen bedeutenden Eindruck machte.
Auf Männer und Frauen wirkte er be-
strickend. Seine Sprache war edel, begeisternd.
Er war ein eleganter Plauderer, ein gesellschaftlich gewandter Mensch, ein vorzüglicher
Walzertänzer. Er liebte blendende Wäsche
und äußerlich tadellose Erscheinung und
soll nie auch nur das leiseste Stäubchen
auf seinem Rocke geduldet haben.

seiner Kritik der Mitmenschen, die sachlich
scharf, persönlich stets verbindlich war. Für
seinen Lehrer Veit kann er nie Worte genug des Ruhmes finden, und selbst den
„alten Schadow," von dem er in Düsseldorf unbefriedigt geschieden, rühmt er stets
als tüchtigen Mann, von dem er das Malen
trefflich gelernt. Am edelsten zeigt er sich
im Verhältnis zu seiner Mutter, der er von
seinem Verdienste alles Nötige zukommen
läßt, ohne je davon rühmend zu sprechen,
die er mit höchster Andacht und Innigkeit
verehrt. Und dieser herrliche, gottbegnadete
Künstler mußte früh einem grausamen Ge-
schick erliegen.

Nervös und leidend ist er offenbar schon lange. Auf einem Briefe Rethels vom Ende des Jahres 1851 fand ich eine Notiz von der Hand der Mutter Rethels, worin sie gegen Rethels Bruder Otto die Bemerkung macht, hoffentlich kehre Alfreds frühere „Gemütskrankheit" nicht wieder, sie fürchte dies, da sein Stil in dem Briefe so verschroben und unverständlich sei.

Empfindung und freundlicher Gedanken, und wie wir sehen, wurde gerade 1851 auch jenes einzige den Tod von seiner freundlichen Seite darstellende Werk, der Tod als Freund, komponiert. Für seine Braut künstlerisch thätig zu sein, war ihm besonderes Bedürfnis. Für sie entwarf er, und zwar als „Vielliebchen", jenen reizenden Kalender, jene Folge von Monatsbildern, die später

Abb. 117. Kampf der Künste und Wissenschaften. Zeichnung.
Aus Dr. Carus' Besitz, jetzt bei Frau Grahl in Dresden.

Der Familie Grahl und seinen Dresdener Freunden kann er aber damals doch kaum den Eindruck eines ernstlich Leidenden gemacht haben. Manche Absonderlichkeit hielt man wohl dem Künstler als berechtigte Eigentümlichkeit zu gut.

Spuren ernstlicher Geistesstörung dürften also bis Herbst 1851 kaum vorgelegen haben, sonst würde ein so umsichtiger, menschen- und weltkundiger Mann wie der Vater Grahl seine Tochter doch schwerlich Rethel überlassen haben. Rethel selbst ist in dieser Zeit offenbar voll höchsten Glückes, voll zarter

die Gattin nach des Künstlers Tod in Holzschnitt, von Serien begleitet, herausgab (Abb. 108—114). Als frohlockender Knabe von der Segensgestalt der Fülle begleitet, tritt da das neue Jahr 1851 heran und wie unter einem Zauberstabe scheint alles emporzuwachsen (Abb. 109); Chronos aber führt das entschwundene Jahr 1850 davon (Abb. 108), das noch im Fortgange mit ernstem Antlitz gute Lehren zu geben scheint. Von kleinen Skizzen sind dann die einzelnen Monate begleitet. Der Knabe Januar (Abb. 110) sitzt nachdenklich am wohlgeheizten Kamin und blickt prüfend zum Buche des neuen Jahres, nachsinnend, womit die noch unbeschriebenen Blätter sich bedecken werden, den Februar erfreut der Karneval, den März (Abb. 111) der erste Sonnenstrahl, den April überraschender Sturm und Regen, den Mai (Abb. 112) das Wandern durch den jungen grünen Wald, den Juni die Arbeit im Felde und der erquickende Trunk, den Juli die reifende Frucht, die er vor Unkraut schützt, den August die Ernte, den September (Abb. 113) das Lied und der Wein,

Jahr als hinkendes Weib, deren Kettenhund die holde Friedensgestalt aufläßt, verläßt den Wagen. Das Gepäck der Geschichte hat sie auf den Rücken geschnallt und ein Packknecht wirft ihr höhnisch ein Bündel mit der Aufschrift: „Erfahrung" nach. Seltsamerweise trägt das Blatt die Jahreszahl 1853, in welchem Jahre er offenbar in Rom das Blatt noch einmal mit irren Strichen überarbeitete.

Eine andere Allegorie dieser Zeit ist der scherzhafte Kampf der Künste und Wissen-

Abb. 118. Frauenlobs Begräbnis. Zeichnung.
Verlag der Photographischen Gesellschaft in Berlin.

den Oktober das schmackhafte Obst, den November das trauliche Hocken am Ofen und den Dezember (Abb. 114) der Weihnachtsmann.

Je reifer und tiefer Rethel in seinen Gedanken wurde, um so stärker scheint seine Neigung zu allegorischer Darstellung zu sein. Ein anderer Jahreswechsel wird von ihm dargestellt durch einen Eisenbahnzug (Abb. 111). Zeit und Tod stehen auf der Lokomotive und geben das Signal zur Abfahrt: das neue Jahr als Jüngling und mit ihm der Friede als Jungfrau treten heran und aus dem gefüllten Waggon jubelt ihnen alles Volk entgegen. Mit tiefer Verbeugung läßt sie der Schaffner eintreten in den Wagen, das alte

schaften (Abb. 117). Friedlich reichen sich diese beiden allegorischen Damen über dem Erdballe die Hand und sehen lächelnd, wie ihre Jünger als Putten auf Erden wilde Kämpfe miteinander ausfechten, uneingedenk des idealen Bundes, den beide miteinander geschlossen haben. Wie alles in diesen Jahren für ihn Beziehung hatte auf seinen neuen Lebensbund, sehen wir auch daraus, daß er die Komposition „Begräbnis Frauenlobs" (Abb. 118) noch einmal wieder aufnahm, nachdem er sie schon zweimal bearbeitet hatte. Seiner, selbst poetisch thätigen Frau zuliebe schilderte er jenen Moment, da holde Frauen den Leib des großen Sängers im Kreuzgange eines

Klosters zur Ruhe tragen und die irdischen Reste desjenigen bestatten, dessen ewiges Lied ihr Lob bleibend verkündet.

Einen glücklichen Moment aus seiner Bräutigamszeit scheint eine Skizze wiederzugeben, die den mit vier Rossen bespannten, gefüllten Postwagen der guten alten Zeit uns schildert (Abb. 120). Im Inneren allerhand Volk, hinten auf dem Wagen ein Zaungast, nebenherstürmend Bettler, auf dem Handpferde der rundliche Schwager, der ganze Wagen hoch bepackt mit Menschen und Tieren.

zu behandelnder Mensch über seine Kunst nächstens einen Bericht. — Meine Bilder auf dem Rathaus sahen mich ernst und entschlossen an und schienen mich wieder in die alte Kunststimmung bringen zu wollen — das kann ich, glaube ich, mir schon gefallen lassen, denn eine bessere Überzeugung hat mir weder Berlin noch München beigebracht es sind meine geistigen Kinder und von dem geringsten bin ich im stande Rechenschaft zu geben ich habe sie mit aller Sorgfalt gepflegt doch teilt noch

Abb. 119. Die Genesung. Bleistiftzeichnung, getuscht.
Verlag der Photographischen Gesellschaft in Berlin.

Und auf der Höhe der Imperiale, tief unter das schützende Dach gedrückt, scheint Rethel mit seiner jungen Gattin in heimlichem Glück geborgen zu sitzen. Es ist eine humorvolle, launige und glückliche Zeichnung.

Auch als Rethel dann im Sommer 1851 in Aachen wieder an den Fresken zu arbeiten begann, erfüllte ihn, wenigstens anfangs, die Erinnerung an die ferne Braut mit frischer Kraft, und er schreibt ihr weiche volle Briefe. So am 1. Mai 1851:

„— In Bezug auf mein Kunstunternehmen hierselbst (d. h. in Aachen) fand ich den neuen Gehilfen Molitor und den alten Maurer schon vor — ersterer ist, soweit ich ihn kennen gelernt habe, ein angenehmer, leicht

eine andere gewaltigere Macht (d. h. Gott sich in die Entstehung dieser Kunstzeugen und diese sah in mir den Zweifler, als ich vortrat, und rief mir ernst und fest zu: „Fahre fort, wie du begonnen." Und so sei es — ich fühle mich stark und fest, meine Aufgabe hier auf Erden so zu lösen, daß sie uns einst zu neuem Heile tüchtig werde."

Aachen, 11 Mai 1851.

„Auch in Bezug auf meine Kunst wirst Du von Einfluß sein: Dich sehe ich gleichsam als die sicherste Vermittlung in einem Zerwürfnis mit derselben. Seit mehreren Jahren erschien mir dieselbe nicht mehr als ein freudiger Beruf vielmehr als eine ernst

8*

drückende Pflicht der Ehrenteil, den ich mir errang, statt zu befriedigen, erhöhte meine Unruhe und gab doch nichts für die Seele, für das Herz, auch die Unzufriedenheit eines steten Strebens in derselben war mir nicht mehr ein Sporn, sondern ein Hemmschuh. Das frühere Bild eines immerwährend fröhlichen Kunstlebens voller Schwung und Poesie war zerrissen und — ich wußte gestalten. Wenige Tage nach der Hochzeit verfällt die junge Frau in ein hartnäckiges Leiden, ein Nervenfieber, das auf lange Zeit hinaus die Seligkeit zerstörte, und den ohnedies überarbeiteten und gereizten Künstler in den Zustand völliger Niedergeschlagenheit versenken sollte. Sucht man nach Ereignissen, die sein späteres Leiden verursacht haben, so wird man schwerlich fehl gehen, wenn man

Abb. 119. Der Postwagen. Zeichnung.

endlich nichts mehr mit dem höheren Lohn meines Strebens anzufangen. Anders wird es gewiß jetzt und ferner werden und fest überzeugt bin ich, an Deiner Seite, Du liebe Mitträgerin meines künftigen Schicksals, meine Kunst wieder liebend und anerkennend zu begrüßen, und sie als das Werteste, so ich besitze, Dir zuzuführen, Dir zu weihen." Bei seiner Hochzeit im Oktober 1851 strahlt Rethel nach dem Berichte von Augenzeugen noch in Gesundheit und Glück. Aber nicht so glücklich, wie es sich zunächst anließ, sollte das Schicksal des jungen Paares sich auch dieses auf jedem Menschenherzen am schwersten lastende Unglück als einen der Momente ansieht, in dem die überarbeitete und empfindlich gewordene Natur wohl anfangen mochte, ihre Dienste zu versagen. Wirklich ist auch sein Leiden erst nach diesem Ereignis deutlich hervorgetreten. Dennoch verherrlicht er damals in einer reizenden poetischen Allegorie die Genesung seiner Gattin (Abb. 119), der das Glück auf Wolken naht und den ersten Strahl der Frühlingssonne, das erste sprießende Laub als glückverheißende Zukunft vorweist. Auch zu dem Kirchenliede „Eine feste Burg ist unser Gott" begann er Illuſtrationen (Abb. 122—124): tiefſinniger, nicht ſo unmittelbar packend, gedankenreicher als ſeine früheren Schöpfungen, aber immer noch ſo groß und ſo ſchön empfunden, daß kein anderer Darſteller ſich damit meſſen könnte. Auffällig iſt nur, daß die formale Schattenkraft offenbar dabei nachläßt, d. h. daß Wiederholungen älterer Figuren und äl-

der früheren Jahre zu der unruhig ſich bewegenden Konturierung und Schattenlinie ſeiner letzten Zeit überging.

In dieſer Zeit geſchah es, daß die Junge und offenbar auch der Gedanke ihm zuweilen den Dienſt verſagte. Sein äußeres Ausſehen veränderte ſich ſo ſtark, daß Mutter und Schweſter erſchreckt werden. Ein Brief vom Januar 1852 iſt von einer Wirrheit und

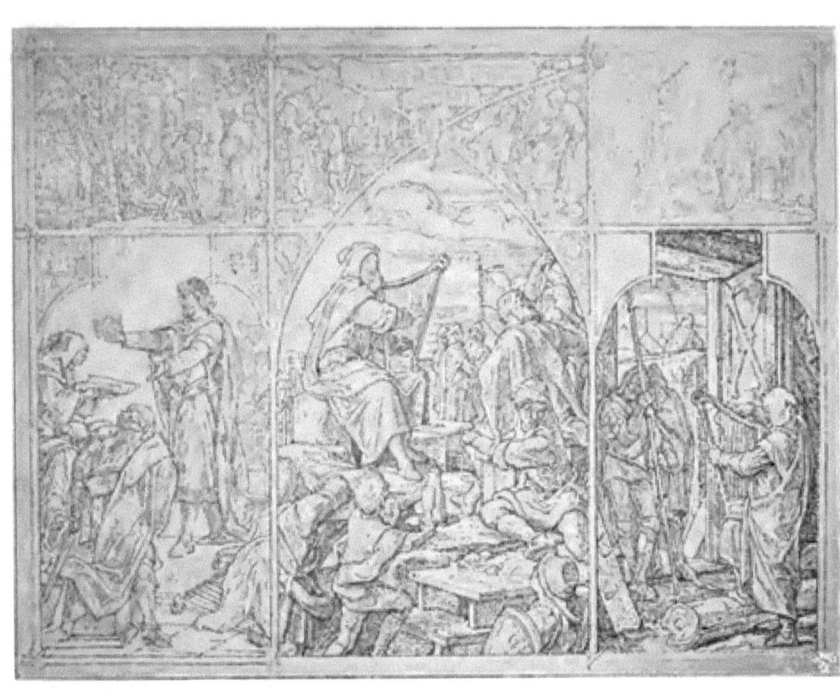

Abb. 124. Alfred der Große. Zeichnung.
Verlag der Photographiſchen Geſellſchaft in Berlin.

terer Bewegungsmotive ſichtbar werden, wie denn der Chriſtus auf der Illuſtration des zweiten Verſes in der Bewegung auf dem früher beſprochenen Blatte Ambroſius und Theodoſius vorgebildet erſcheint. In höherem Maße gilt das von dem dem Jahre 1852 angehörigen Entwurfe zu einem Cyklus aus dem Leben Alfreds des Großen (Abb. 124). Der Entwurf war mit Bleiſtift aufgezeichnet und der Künſtler begann ihn mit der Feder nachzuarbeiten in jener Zeichenmanier ſeiner letzten Jahre, in der er mit guter Abſicht und richtiger Berechnung von der ſchönen, aber immer etwas gezierten glatten Linie

Formloſigkeit, die einen unſagbar traurigen Eindruck auf den Leſer machen. Im Frühjahr 1852 geht er nach Köln, um einen Nervenarzt, Dr. König in Köln, zu konſultieren. Man hielt es zunächſt noch für ein zu hebendes Nervenleiden, man riet ihm zur Erholung eine Reiſe nach Italien an, die er auch wirklich im Winter 1852 auf 1853 ausführte, da er durch die Behandlung des Dr. König weſentlich gebeſſert ſchien. Über den tragiſchen, grauenhaften Verlauf dieſer Reiſe exiſtieren Aufzeichnungen der Frau Rethel. Pecht, den ſie in Florenz trafen, war tief erſchüttert beim Anblick des gebrochenen, völlig hilflosen Mannes, der an der Seite der schönen jungen Gattin umherirrt. Mit staunenswertem Mute und unendlicher Geduld, zu ihrem Glücke wohl auch in jugendlicher Unkenntnis vom ganzen Umfange ihres furchtbaren Schicksales, hielt die junge Gattin getreulich aus.

Sie führen in Rom ein etwas abenteuerliches Chambregarnieleben, wohnen, malen und kochen in einem Zimmer. Frau Rethel, die überdies der Ankunft eines Kindes entgegensah, erträgt alles mit guter Laune. Glücklicherweise fehlte ihr auch in dieser Umgebung der richtige Maßstab. Die allmählich sich mehrenden krankhaften Eigentümlichkeiten des Gatten fielen ihr in Rom weniger auf, wo es damals noch von seltsamen Originalen und verschrobenen alten Künstlern wimmelte.

Auch auf dieser Reise begleitete ihn die Mappe mit seinen Entwürfen. Leider arbeitet er noch hier und da an ihnen herum, oft nur die Konturen mit zitternder Hand nachziehend, wobei der von Zeit zu Zeit versagende Gedanke auch Stockungen in der Sicherheit der Hand mit sich bringt.

Vom Schwiegervater Grahl hatte er japanische Pinsel erhalten. Sie behagten ihm beim Tuschen, weil so scharfe eckige Linien damit ziehen könne. Er konturiert damit unter anderem den Entwurf „Theodosius und Ambrosius," die „Beerdigung Frauenlobs", die er November 1852 seiner Gattin als Geburtstagsgeschenk überreichte.

Dagegen ist eine Farbenskizze für die Wittekindstaufe (jetzt im Besitz der Erben) wenig berührt von seinem Leiden. Für den Großvater Grahl in Dresden aquarelliert er Weihnachten 1852 ein reizendes Kartenspiel, zu einem Drama „Alfred der Große," — das Frau Rethel verfaßt hatte — fügt er in die Handschrift Illustrationen, die zwar im Strich unsicher, aber in der Komposition zum Teil noch großartig sind.

Aus Dresden erhielt er ein Stück Radiergummi, das auch Farben radieren sollte. Unglücklicherweise probiert er dasselbe an dem letzten Aquarell seines Hannibalzuges. Hier war die prächtige Gestalt Hannibals ihm ärgerlich geworden. Anlaß dazu gab ein Brief Wilhelm von Kaulbachs, den wir, als charakteristisch für die Selbstüberhebung dieses, heute in seiner künstlerischen Richtigkeit erkannten Mannes hier wiedergeben.

Rethel hatte noch von Frankfurt aus den Hannibalszug an Kaulbach zur Ausstellung im Kunstverein gesandt und sich des damals so hoch berühmten Mannes Urteil erbeten. Kaulbach antwortet: „Wertgeschätzter Herr Rethel! Nehmen Sie meinen Dank für Ihre Güte, mir Ihre schönen Zeichnungen zur Ansicht geschickt zu haben. Man sagt, und wohl mit Recht, die Wahl des Gegenstandes beurkunde das Genie, und Sie haben allerdings eine beneidenswerte Wahl getroffen, auch die Art und Weise, wie Sie das Ganze eingeleitet haben, hat mich sehr angesprochen, aber da Sie mir Ihr Vertrauen schenken, fühle ich mich zu der Aufrichtigkeit verpflichtet, Ihnen meine Meinung unverhohlen zu sagen, daß ich mit der Auffassung des Gegenstandes nicht einverstanden bin, namentlich des Haupthelden, des kühnen verschlagenen Hannibal. Er ist mir nicht scharf genug charakterisiert, dieser einäugige Schakal; auch die Art und Weise, wie er eingeführt ist, befriedigt mich nicht. In der höchsten Not sollte er that- und hilfreich erscheinen in der Mitte des Zuges, im Kampf mit Feinden und Elementen zeigt sich der Held, und nicht nach gethaner Arbeit — kurz — nach dem zweiten Blatte habe ich eine Entwickelung der gesamten Streitkräfte Hannibals, mit einer glänzenden und ergreifenden Darstellung erwartet. Das zweite Blatt mit dem Durchzug durch den Fluß hat mir besonders wohl gefallen, Charakter und Bewegung der Karthager entsprechen dem Begriff eines kühnen Vortrabes. Dagegen erscheinen die Alpenbewohner zu sehr wie ein herabgekommenes, nicht wie ein unentwickeltes Geschlecht.

Auch spricht sich in dem letzten Bilde kein allgemeiner Jubel aus (die zwei Trompeter thun es nicht allein) und ist keine befriedigende freudige Auflösung der vorhergegangenen Schrecknisse. In mündlicher Besprechung können wir besser unsere Ansichten darüber austauschen, und da Sie mir Hoffnung machen, Sie hier bei uns zu sehen auf Ihrer Reise in das gelobte Land, so schließe ich mit aufrichtiger Hochachtung

Ihr ergebener
W. Kaulbach."

Diese in Lobsprüche eingehüllte Kritik des Werkes richtet sich heute von selber. Rethel war ein zu guter Historiker, um den

„Haupthelden" überall breitspurig in die erste Mitte zu pflanzen und die Armee als „Hand-langer" nur so nebenher laufen zu lassen. Er war zu klug, um den „Haupthelden" theatermäßig in die Mitte zu rücken. Er wollte durch die Ereignisse, die Stimmung des Ganzen, die Drastik der Situation und Scenerie uns von der Größe der Hanni-balsthaten überzeugen, alles das im ganz

tigkeit noch gewahrt. „Silvester 1852 auf 53 verlebten wir noch „still gemütlich," in steter Hoffnung auf Besserung. Die Gegenwart erschien uns so schön. Den Karneval machten wir noch mit," so schreibt Frau Rethel. Aber, wie zumeist bei diesem Leiden, geht es dann rapide bergab. „Wir besuchten die Sehenswürdigkeiten," schreibt Frau Rethel an anderer Stelle, „aber einen

Abb. 122. „Ein feste Burg". 1. Holzschnitt nach Rethel.

modernen Sinne. Und darin hat er Recht behalten gegen Kaulbachs theatermäßige Auf-fassung. Aber so groß war Kaulbachs Ruhm damals, daß Rethel sich irre führen ließ. Noch in diesen letzten Tagen plagte ihn Kaulbachs Diktum von dem „einäugigen Schalal." So pauste er die zwei Figuren neben Hannibal durch und setzte zwischen sie einen neuen Entwurf (diese Pause ist im Besitz der Erben). Im Original radierte er und suchte die neue Figur in geänderter Stellung einzusetzen, was ihm mißlang.

So blieb der Schein künstlerischer Thä-

Genuß hat er nicht gehabt. Nur zuweilen flammt es noch einmal blitzähnlich in ihm auf in alter Begeisterung. So einmal, als wir die Aurora von Guido Reni sahen, die er daheim mit kräftigen Strichen skizzirt. Das waren Lichtblicke. Im ganzen war sein Geist schon tief umnachtet." Diese Er-innerungsskizze ist erhalten und stellt in der That eine wunderbare Übersetzung des Guido Reni aus Palazzo Rospigliosi in ge-waltigen Rethelstil dar. „Die Empfindlich-keit der früheren Zeit steigert sich oft zu wahren Tobsuchtsanfällen, so daß viele sich von ihm fern hielten," heißt es weiter. Was muß die tapfere junge Frau damals gelitten haben, fern der Heimat, fern den Verwandten, nur mit einem alten Ehepaar in Verkehr!

Und dabei sah sie einem Ereignis entgegen, das unter anderen Umständen ein freudiges gewesen wäre. Im Februar kommt dann Vater Grahl. Eine Tochter wird geboren, ohne daß Rethel von dem Ereignis

ihn wiederfanden, den hohen kühnen Geist gebrochen und erloschen! Er wird der treuen aufopfernden Pflege seiner Mutter und Schwester übergeben.

Völlig kindlich und kindisch geworden, verbringt er noch eine Reihe von Jahren als harmloser, hilfloser Kranker; selbst auf Kunsteindrücke reagiert sein Geist nicht mehr; er spielt mit Bilderbüchern, ohne

Abb. 123. „Ein feste Burg". II. Holzschnitt nach Rethel

Notiz nimmt. Anfang Mai wird in einem Wagen die Rückfahrt nach Deutschland angetreten. Auf dem Rücksitz, in einem blumenbekränzten Korbe ruht das Töchterlein, der Obhut einer römischen Amme anvertraut.

Rethel ist völlig apathisch und läßt sich willenlos wie ein Kind regieren. Nach kurzem Aufenthalt in Dresden, wo Frau Rethel mit dem Kinde zurückbleibt, wird Alfred Rethel durch Herrn Grahl nach Düsseldorf gebracht. Wer beschreibt den Schmerz der Freunde in der rheinischen Heimat, als sie

eine Empfindung ihres Wertes zu haben und am 1. Dezember 1859 stirbt auch der Körper.

Ein tragisches, ein erschütterndes Los, ein furchtbares Enden einer hohen Begabung, eines gewaltigen Geistes. Aber indem man sein volles Mitempfinden für dieses traurige Schauspiel sich bewahrt, sollte man sich fern halten davon, in seinen früheren Werken überall die Spuren dieses beginnenden Verfalls suchen zu wollen. Man darf nicht vergessen, daß er noch künstlerisch Hervorragendes schuf, als er bereits schwer gemütsleidend war. Gerade das ist psychologisch so hochinteressant an diesem Falle, daß das künstlerische Können länger als alle anderen psychischen Kräfte dieser Krankheit Widerstand leistete. Noch in den letzten römischen Tagen zeichnete er ja aus der Erinnerung die Aurora Guido Renis, die er im Palazzo Rospigliosi gesehen, mit einer ganz eigenartigen Wir

gemacht hätte, ist in Rethels Briefen nirgends etwas zu finden. Er spricht oft mit Ungeduld, oft mit ruhiger Selbstbescheidung von dem ärgerlichen Warten, nie in einer Weise, die ihn als schwer darunter leidend erkennen läßt. Aber der „von seinen unverständigen Mitbürgern in den Wahnsinn getriebene verkannte Künstler“ ergibt ja einen recht drama-

Abb. 121. „Ein feste Burg“. III. Holzschnitt nach Rethel.

tung. Er übersetzte sie in Rethelsche Formensprache und gab der etwas süßlichen Komposition eine ungemeine Kraft und Schönheit.

Noch weniger ist es gerechtfertigt, die „Ursache“ seines Leidens im wesentlichen in der schlechten Behandlung des Meisters durch seine Aachener Mitbürger suchen zu wollen. Müller von Königswinter vertrat zuerst diese Ansicht und von ihm übernahmen sie alle anderen. Die Verschleppung der Fresko-ausführung um sechs Jahre hat ihn weidlich geärgert. Davon, daß sie ihn tief leidend

tischen Effekt, wie ihn die älteren Biographen liebten. Vor der historischen Wahrheit besteht er nicht. Sein Leiden, die progressive Paralyse, der er erlag, ist bei den mangelhaften Erfahrungen und Beobachtungen, die man in jener Zeit auf diesem Gebiete hatte, in ihrer Entstehungsursache schwer zu erforschen. In der Heilanstalt zu Endenich, in der er ein Jahr lang weilte, ist darüber nichts bekannt. Daß Rethel von Geburt an schwächlich war, ist gewiß. Mag aber sein Leiden ein ererbtes sein oder nicht, jedenfalls waren die häufigen Anfälle von Schwermut, seine hohe Reizbarkeit wohl Vorzeichen des Leidens und beschleunigten zugleich dasselbe.

Als eigentlicher Grund für den Ausbruch seines Leidens, sofern überhaupt ein solcher hier nachzuweisen ist, muß ganz entschieden, neben der durch kleinliche Widerwärtigkeiten erzeugten seelischen Qual und dem niederschmetternden Ereignis der Typhuserkrankung seiner jungen Frau die Überarbeitung bei Ausführung der Fresken angenommen werden. Rethels zarte Natur war dieser aufs äußerste anspannenden Aufgabe nicht gewachsen. Das spricht aus allen seinen Briefen, aus denen es mit zahlreichen Klagen belegt werden kann. „Täglich von morgens sieben Uhr bis zum Dunkelwerden auf dem Gerüste arbeiten, zugleich die Arbeit des Gehilfen beaufsichtigen und korrigieren, das übersteigt meine Kräfte. Dann die fortwährende Kälte in dem großen Raume ohne jeglichen erquickenden Sonnenstrahl — natürlich fühle ich mich bei diesem Leben nicht recht wohl und verlange, ach sehr, davon erlöst zu sein.“ „Ich fühle mich von dieser Arbeit zu sehr gedrückt, sie ist wirklich zu kolossal und thut entschieden mir an der frohen Seite meines Lebens Abbruch.“ „Der ganze fühlende und leidende Mensch muß zum Opfer gebracht werden.“ „Der Hauptgrund meines Unfriedens mit meiner Kunst liegt in dem jahrelangen anhaltenden Wühlen und Schaffen im allerschwersten Kaliber der Kunst — das ist gewiß zu viel.“ „Der Mensch ist in mir zu angegriffen, um den Erfolg (meiner Kunst) recht zu genießen.“ So schreibt er über diese Dinge. Er erlag in erster Linie der Überarbeitung.

Schwächlich von Kind auf, reizbar und nervös, hätte er nur in einer, seine Größe zartfühlig erkennenden und ihn verständnisvoll in seiner Entwickelung begleitenden Umgebung sorgloses Behagen empfunden. Die kleinen Sorgen und Kränkungen des Lebens ritzten seine empfindliche Seele unablässig und haben jedenfalls den Ausbruch des Leidens eher gefördert als gehemmt. Er selbst schreibt gelegentlich (3. März 1846): „Von den Starken sind die Rethels alle nicht, aber von denen, die durch Ruhe und Heiterkeit des Geistes entschieden auf ihren körperlichen Zustand wirken können; so, was man sagt, zähe Naturen, denen aber Grübelei und Trübsinn sehr gefährlich ist.“ Somit kann auch niemals der Aachener Bürgerschaft der Vorwurf erspart bleiben, daß sie Rethels Schaffen mit geringer Anteilnahme begleitet habe. Nicht in den Tod hat Aachen einen seiner größten Söhne getrieben. Aber das Leben hat es ihm gründlich vergällt durch die stumpfe Gleichgültigkeit und den Hochmut, mit dem so mancher Philister sich diesem Genie ebenbürtig fühlte und ihm die Ehrerbietung versagte, die man jeder betitelten oder uniformierten Null willig darbringt. Eine Lehre darf ein jeder daraus ziehen, daß Künstler und Kunstwerke, gerade wenn sie eigenartig sind und nicht dem Verstande des Alltagsmenschen ohne weiteres sich einschmeicheln, doch deshalb keineswegs als verfehlt, als närrisch, als komisch bezeichnet werden dürfen. Es ist nichts mit der Redensart, daß die wahre Kunst jedem „gesunden Verstande“ verständlich sein müsse. Kunstwerke sind keine Lehrbücher und keine kaufmännischen Abrechnungen. Es ist das traurige, ewig sich wiederholende Beispiel, daß vom großen Haufen Unverständliches als ungültig zurückgewiesen wird. Zähe Naturen, wie Adolf Menzel und Böcklin, werden stahlhart in solchem Kampfe, weiche Naturen, wie Alfred Rethel und Feuerbach, verzehren sich. Nicht nur die Teilnahmlosigkeit des Aachener Publikums, ebensosehr die Teilnahmlosigkeit der Düsseldorfer Künstlerschaft haben Rethels Leben vergiftet. Und heute, da wir wieder eine aufstrebende, Hohes anstrebende Kunst vor uns haben, heute steht das deutsche Philistertum im Publikum und in Künstlerschaft wiederum auf jenem hochmütigen Standpunkte, der lächerlich findet, was seinem ungeübten Kunstempfinden nicht ohne weiteres sich offenbart. Alfred Rethels Schicksal hätte der Menschheit und unserem deutschen Volke wenigstens den Nutzen bringen können, daß seine Seelenqualen als ein warnendes Feuerzeichen an dem seichten Meere banalen Empfindens und kindlich unverständlichen Verurteilens flammen.

Zwei Pflichten sind es, die sein Andenken uns auferlegt: ihn zu ehren, das Verständnis seines Schaffens und die Kenntnis seiner Werke im deutschen Volke auszubreiten und zugleich vor seinem Schicksal die zu bewahren, die heute unter uns, verkannt und unverstanden wie Alfred Rethel, ewig Gültiges schaffen.